RECARREGANDO A BATERIA HUMANA

DANIEL C. LUZ

RECARREGANDO A BATERIA HUMANA

DANIEL C. LUZ

DVS EDITORA

São Paulo, 2105
www.dvseditora.com.br

RECARREGANDO A BATERIA HUMANA

Copyright© DVS Editora 2015
Todos os direitos para a território brasileiro reservados pela editora.

Nenhuma parte deste livro poderá ser reproduzida, armazenada em sistema de recuperação, ou transmitida por qualquer meio, seja na forma eletrônica, mecânica, fotocopiada, gravada ou qualquer outra, sem a autorização por escrito do autor.

Capa: Grasiela Gonzaga / Spazio Publicidade
Diagramação: Konsept Design & Projetos

```
        Dados Internacionais de Catalogação na Publicação (CIP)
               (Câmara Brasileira do Livro, SP, Brasil)

        Luz, Daniel C.
           Recarregando a bateria humana / Daniel C. Luz. --
        São Paulo : DVS Editora, 2015.

           ISBN 978-85-8289-097-4

           1. Conduta de vida 2. Motivação 3. Realização
        pessoal 4. Reflexões I. Título.

15-10306                                              CDD-869.8
               Índices para catálogo sistemático:
           1. Reflexões : Literatura brasileira   869.8
```

Aos meus filhos
Filippe, Henrique, Sophie e Danielle

Agradecimentos

Sou parte de tudo o que conheci, fui influenciado por mais pessoas do que posso contar, mas quero agradecer a algumas delas por tornarem este livro possível.

Agradeço especificamente à DVS Editora por seu apoio e aos leitores dos livros anteriores, Insight e Fênix, que têm continuamente me incentivado a continuar a escrever.

Uma das lições mais importantes que aprendi na vida é que ninguém jamais faz nada sozinho. Somos todos dependentes de outros em virtualmente tudo. Eu gostaria de agradecer a tantas pessoas, mas ficaria sem espaço. Portanto, vou concluir estes agradecimentos dizendo muito obrigado a Eclair de Fátima, por tudo, mas em especial por ter me suportado com paciência durante os meses em que fiquei mergulhado nas leituras para a elaboração deste livro.

Considerações do autor

Milhares de pessoas que nunca encontrei na vida tiveram mais influência sobre meu jeito de escrever do que poderiam imaginar. São aquelas que leem meus livros e, com a maior gentileza, contam-me como suas vidas foram enriquecidas. Uma das coisas mais poderosas da vida é receber considerações positivas. Elas nos afetam de duas maneiras. Em primeiro lugar, confirma que fizemos algo direito, que nosso árduo trabalho foi apreciado e valeu o esforço. Em segundo, isso nos incentiva a continuar – a expandir e incrementar o que alcançamos. Esses são os efeitos que os telefonemas, cartas e *e-mails* de pessoas de todas as idades e estilos de vida tiveram sobre mim.

Os adjetivos mais utilizados pelos meus leitores são *otimista e inspirador.* Já que essas palavras estão entre as minhas favoritas, representam dois dos meus objetivos quando escrevo, soam como música aos meus ouvidos. Outra palavra positiva que muitos leitores usam é esperança, como na frase "Você me deu esperança". Geralmente esses termos vêm de leitores que estão passando por fases difíceis: pessoas que estão se divorciando ou vivendo algum tipo de perda, ou que tentam superar uma doença, um vício ou problemas financeiros. Embora eu não me considere um terapeuta, é extremamente gratificante saber que o que escrevi ajudou essas pessoas. Espero que este livro também seja otimista, inspirador, cheio de esperança e, efetivamente, recarregue suas baterias.

Introdução

Minha promessa para você

Se eu me sentasse ao seu lado e perguntasse por que você escolheu este livro, qual seria sua resposta? Acho que em alguns minutos, caso se sentisse seguro, você me contaria sobre sua situação específica – um obstáculo ou um desafio – que está exigindo sua resiliência ou esgotando sua força.

E eu ouviria. Ouviria com sinceridade e atenção.

É claro, não podemos fazer isso por meio deste livro, porque é uma conversa de mão única. O mais perto que podemos chegar de um diálogo é por meio do meu e-mail daniel.luz2020@hotmail.com, que me proporciona uma forma de ouvir você. Espero que isso aconteça. Quero ouvir sua história. Quero conhecer seus pensamentos e ouvir seus questionamentos à medida que você avança pelos textos deste livro.

Cada história, cada palavra, foi escrita com você em mente. Li cada frase, cada história com toda atenção porque quero ter certeza de que a mensagem está clara. Mais do que tudo, oro por você, leitor, para que este livro sirva de instrumento para nada menos que um avanço, uma superação e uma conquista definitiva. Não conheço os detalhes de sua vida, é claro, mas sei o suficiente acerca da experiência humana para acreditar que a mensagem deste livro pode estimulá-lo a continuar a jornada, com mais fé, perseverança, objetividade, otimismo, inspiração e a certeza de que alcançará seus objetivos e realizará seus sonhos.

Aqui está meu compromisso: Você não encontrará respostas convenientes ou chavões de autoajuda nestas páginas. Não encontrará o conhecido método "Três passos fáceis" ou soluções rápidas absurdamente simples. Nada de bobagem filosófica ou blábláblá psicológico.

Escrevi este livro para todos que precisam de força para encarar os obstáculos que se colocam entre você e seus objetivos, sonhos e seus melhores dias do futuro. Este livro é para você se às vezes luta com sentimentos de insegurança. É para você se duvida de si mesmo. É para você se ocasionalmente se sente inadequado em seu trabalho, ou como pai, mãe ou cônjuge. É para você se está com o coração partido. É para você se tem medo de sair da zona de conforto. É para você se sente-se desencorajado ou sobrecarregado pelas responsabilidades.

Meu compromisso, desde minhas outras publicações como os livros Insight e Fênix, é ser verdadeiro e oferecer a verdade descomplicada àqueles que estão diante de um obstáculo ou começando a atravessar seu próprio abismo, ansiosos para encontrar a força para fazer o que acham que não conseguem. Se essas frases o descrevem, então este livro é para você.

Boa Leitura!

Daniel C. Luz

Sumário

Agradecimentos
VII

Considerações do autor
IX

Introdução
XI

A bateria ou o fio?
XV

A derrota não é amarga se você não a engole
3

A refinada arte de ouvir
9

Somos heróis
17

Generosidade e nobreza
25

A vida é como eco
31

Androceu e o leão
37

Aquilo que não me destrói torna-me mais forte
43

Arrisque-se!
49

Procrastinação
57

Quem sabe um dia...
63

Motorista e passageiros
69

Coloque a mente em ordem antes de colocar a boca em movimento
75

Como encarar os desvios
83

Compartilhe
89

Destino desconhecido
95

Mas...
101

Esvazie-se!
107

Encontrando o rumo
113

Furacões e tempestades
117

Expectativa de futuro
123

Na Bigorna
129

Viver momentos
135

O hífen – vivendo o pequeno traço
139

O lado bom
145

Retrato de determinação
151

Se você não for você, então quem você será?
159

Carga Rápida

Respirando primeiro
166

Minas terrestres sujam a terra
169

Reconhecer os erros é uma virtude
172

Tentar novamente
175

Bumerangue
178

Impossível?
180

Conselhos
182

Cuidado com os pessimistas
184

Editando sua vida
186

Era ou saltar ou fritar...
188

Você é mais forte do que pensa!
190

A amiga mudança
192

Obrigado!
194

Quando você passar pelo inferno não pare para tirar fotografias
196

A arte de se dar bem com as pessoas
198

Restaurado pelo mestre
200

Siga seu caminho
202

Tenha êxito – leia!
204

A casa do rancor
206

Ter visão
208

Não perca as oportunidades do amanhã
210

Siga seus sonhos
212

Liderar ou ficar a reboque
214

Cicatrizes
216

O efeito borboleta
218

Você não pode fracassar sem seu consentimento
221

A bateria ou o fio?

Qual dos dois é a parte mais importante de um carro: a bateria ou o fio do terminal? Você provavelmente nunca ouviu tal pergunta. Provavelmente nunca ouviu falar do fio vermelho que conecta a bateria ao resto do sistema elétrico do automóvel. Se você é como a maior parte das pessoas, dirá: "A bateria, ela tem a força, a energia!"

Seu carro possui aproximadamente 60.000 peças. A bateria diz: "Estou no comando de todas elas. Nada funciona sem mim. Eu sou a bateria. Eu tenho a força, a energia. Poder! Poder! Poder! Energia! Sou eu quem dá o arranque que faz tudo funcionar. Nada funciona até eu chegar. Eu sou a energia. Eu tenho o poder para ligar o motor."

Isso se parece com alguma pessoa que você conhece?

Bem, se a bateria é a parte mais importante do carro, vamos desconectar o fio. A bateria custa aproximadamente R$ 270. O fio vermelho, cerca de R$ 15. Você tem 59.999 peças e apenas um fio de R$ 15,00 que está faltando. Sem ele, o carro não irá funcionar. Seu carro pode custar R$ 60.000, R$ 70.000 ou R$ 80.000, mas pode ficar parado por causa desse fio de R$ 15.

A bateria diz: "Eu tenho o poder."

Um componente de ignição diz: "Eu tenho a fagulha, a centelha."

O motor diz: "Eu faço o carro funcionar!"

Aquele pequeno fio está muito quieto. Ele não tem de dizer: "Vocês precisam de mim. Vocês não podem funcionar sem mim." Todas as outras peças logo percebem isso e dizem: "Vá encontrar o fio." O fio do terminal foi criado para transmitir corrente elétrica da bateria para todo o sistema elétrico do automóvel e fazer o motor arrancar e se colocar em movimento. Essencialmente, o pequeno fio do terminal foi projetado para ser o "líder" na área de transmissão elétrica. No domínio do fio do terminal, o fio do terminal está no comando. Poderia ser apenas um pequeno fio, mas ele poderia paralisar o motor.

Se esse lugar está vazio, o carro não funciona.

Cada uma das peças do carro tem importância. Um componente de ignição nunca poderá ser uma bateria. Uma bateria nunca poderá ser um tubo de distribuição. Um tubo de distribuição nunca poderá ser um alternador. Portanto, no domínio da bateria, ela está no comando. Ela é única, porque somente ela pode ser a bateria – cada um tem seu papel e sua relevância.

Considerando a "bateria humana" e quanto ela é importante para todo funcionamento do Ser Humano, gostaria que este livro tivesse o papel do pequeno cabo vermelho quando transporta a eletricidade gerada no alternador para manter a bateria carregada, cheia de energia. Talvez o mais simples dos componentes, mas com grande importância para fazer o sistema entrar e continuar em movimento.

Daniel C. Luz

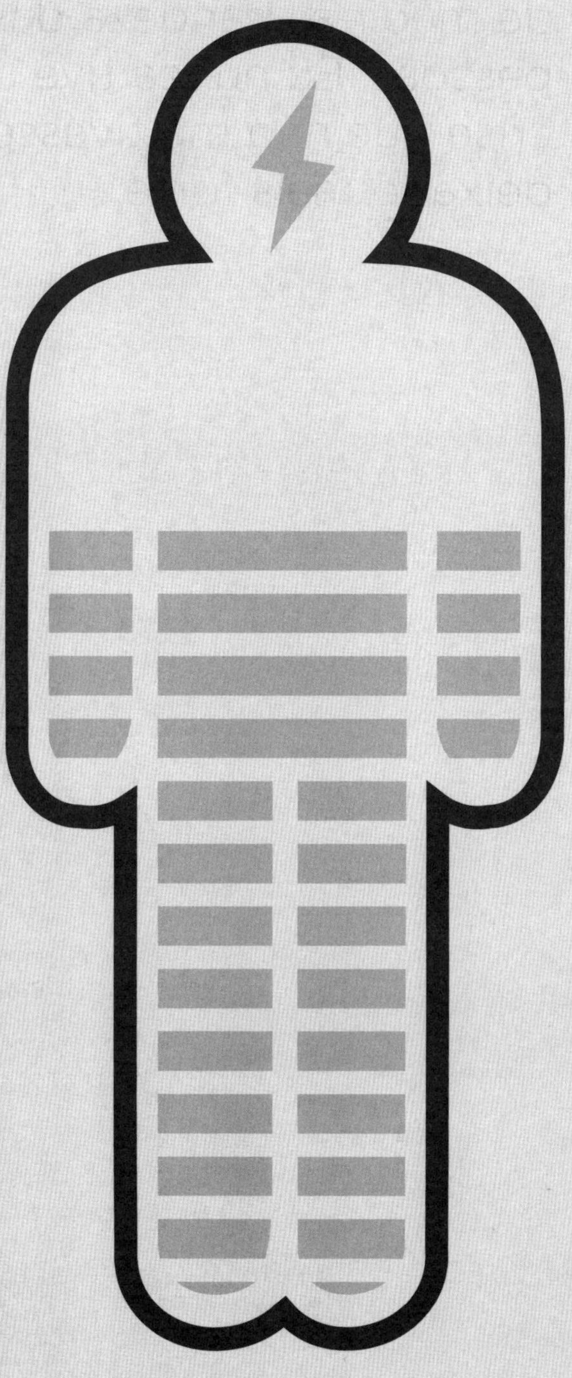

> "A adversidade é outro modo de medir a grandeza das pessoas. Eu nunca tive uma crise que não me tivesse deixado mais forte."
>
> — *Lou Holtz (1937 -),*
> *técnico de futebol e palestrante motivacional americano.*

A **derrota** não é **amarga** se **você** não a **engole**

"É a derrota que transforma o osso em pedra preciosa, a cartilagem em músculo, e torna o homem invencível, formando as heroicas naturezas que agora estão em ascensão no mundo. Portanto, não tenham medo da derrota, pois nunca estarão mais próximos da vitória do que ao serem derrotadas lutando por uma boa causa."

— **Henry Ward Beecher (1813 - 1887),**
teólogo americano.

A porta da oportunidade se move sobre as dobradiças da oposição. Em um momento ou outro de nossas vidas, vivenciamos a derrota. Os obstáculos da vida visam nos fazer melhores, não amargos.

Os obstáculos são simplesmente um chamado para fortalecer a nossa determinação de atingir metas dignas. Entre nós e qualquer coisa importante haverá sempre gigantes no caminho, foi o que aprendi lendo a história do maratonista brasileiro Vanderlei Cordeiro de Lima.

O ex-boia-fria Vanderlei Cordeiro de Lima, criado com mais nove irmãos, é apenas um projeto de gente, com seu corpo mirrado de um metro e sessenta e cinco centímetros e apenas cinquenta e cinco quilos, deveria até ganhar desconto em passagens aéreas. Mas não se deixe enganar pelo tamanho deste brasileiro. O corpo pode ser pequeno, mas o coração é maior do que o estádio Olímpico de Atenas. E foi lá que ele recebeu a medalha de bronze da maratona em 2004.

Era para ele ganhar a de ouro. Ele liderava a corrida, mas, quando faltava menos do que cinco quilômetros, um espectador o abordou. O transtornado ex-sacerdote irlandês, que já fora preso por sair correndo em uma pista de corrida de carros na Inglaterra no ano anterior, atirou-se contra o competidor, levando-o para fora da pista, em direção à multidão. Embora estivesse aturdido e abalado, Vanderlei se recompôs e voltou à competição. Nesse meio tempo, o atleta perdeu seu ritmo, alguns segundos preciosos e sua posição.

Mas ele não perdeu a alegria. O brasileiro de corpo pequeno e de coração enorme entrou no velho estádio de mármore vibrando como uma criança. Socou o ar com seus punhos e depois correu com os braços estendidos, como um avião humano procurando um lugar para aterrissar, correndo de um lado para o outro, radiante de alegria.

O brasileiro já tinha em seu currículo o título da maratona de Tóquio e o bicampeonato nos jogos Pan-americanos.

Especialistas concordam que foi sorte Vanderlei não ter sofrido uma contusão muscular ou um problema circulatório por interromper bruscamente a corrida. Após o incidente, mais lento, foi ultrapassado pelo italiano Stefano Baldini e o americano Meb Keflezighi, mas prosseguiu na prova. Terminou aplaudido de pé ao entrar no estádio em terceiro lugar e deu ao Brasil sua primeira medalha na maratona olímpica.

O resultado não pode ser alterado, mas Vanderlei Cordeiro de Lima, criado com nove irmãos na lavoura de Cruzeiro do Oeste, no interior do Paraná, foi agraciado com a medalha Pierre de Coubertin, concedida apenas a atletas que colocam o espírito esportivo acima do desejo de vitória.

Antes do brasileiro, o último a receber essa homenagem tinha sido o velejador canadense Lawrence Lemieux, que nos jogos de Seul abandonou a prova para salvar uma pessoa que havia caído no mar.

Vanderlei de Lima nunca sequer reclamou. "O espírito olímpico prevaleceu... eu consegui ganhar a medalha para mim e para o meu país."

Como ele manteve essa atitude?

Os obstáculos ainda rondam as multidões como se estivessem em busca de uma presa. Você não precisa correr uma maratona para cair para trás. A perda de um ente querido, um revés financeiro, uma separação, um filho que se envolve com vícios, o desemprego.

A vida de forma catastrófica saiu dos trilhos. Como se faz para voltar para o jogo?

Não engolir a derrota, engolir a derrota é acreditar que, por ter falhado em algo, você é um fracasso. Há uma diferença importante entre dizer "eu falhei" e "eu sou um fracasso". Engolir a derrota é acreditar que o que você faz ou suas ações fracassadas constroem a pessoa que você é.

A partir do momento em que engolimos a derrota, nossa habilidade para funcionar com eficiência é prejudicada. Todos os grandes líderes, atletas, exploradores, pensadores, inventores e homens e mulheres de negócios cometeram erros e vivenciaram fracassos de algum tipo. Entretanto, essas pessoas tornaram-se grandes porque não culparam nem a si mesmos nem a outros por seus fracassos. Em vez disto, aproveitaram seus erros e infortúnios como lições para melhorar e crescer. Recusaram-se a engolir a amargura do fracasso e estavam dispostos a continuar se esforçando para obter o êxito.

Um fracasso pode ser uma das melhores coisas a nos acontecer se decidirmos aprender com a experiência. Uma derrota pode ser amarga, mas, no final das contas, isso não é ruim – alguns pratos não seriam nem um pouco saborosos se não tivesse um leve toque "amargo". Do mesmo modo, as experiências amargas podem ajudar-nos a condimentar nossas vidas se decidimos aprender com elas em vez de temê-las ou permitir que nos amargurem.

Para recarregar a bateria:

Fazer da dificuldade, do obstáculo ou da carência um novo caminho, em vez de um motivo de frustração e de amargura, é o que diferencia os vencedores dos lamurientos e desistentes.

Existe um episódio protagonizado pelo violinista israelita Itzhak Perlman que vem sempre a calhar quando se fala em limitações e obstáculos. O músico precisava de muletas para se locomover, pois tivera poliomielite quando criança.

Itzhak se apresentava no Lincoln Center, em Nova Iorque, quando, logo depois de começar a tocar, uma corda de seu violino arrebentou. O público imaginou que o con-

certo seria interrompido, pois trocar e afinar uma corda de violino não é tarefa fácil. Mas ele continuou tocando com as cordas restantes. É quase impossível executar uma partitura escrita para as quatro cordas do violino com três, mas, para surpresa de todos, ele conseguiu.

Ao terminar o concerto, o músico foi ovacionado. Ele então enxugou o suor da testa, ergueu o arco do violino pedindo silêncio e disse: "Sabe de uma coisa? Às vezes a tarefa do artista é ver o que pode ser feito com o que lhe resta".

> "Deus nos deu não apenas dois ouvidos em uma boca, mas também o potencial de aprender. Quanto mais ouvimos e aprendemos, mais capazes ficamos de compreender o potencial que nos foi legado."

— *John Marks Templeton (1912 - 2008),*
investidor e filantropo americano.

A **refinada** arte de **ouvir**

"Seja rápido ao escutar, lento ao falar"[1]

Palavras de Tiago, um dos discípulos de Jesus. Cerca de 40-50 d.C.

John Maxwell[2] conta uma encantadora história de uma senhora de 89 anos que tinha problemas de audição. Ela foi se consultar com um médico que, ao terminar a consulta, disse à paciente: "Existe agora uma técnica que pode corrigir seu problema auditivo. Para quando a senhora gostaria de marcar a operação?".

"Não vai haver nenhuma operação porque não quero corrigir minha audição", respondeu a mulher. "Estou com 89 anos e já ouvi o suficiente!"

Em qualquer idade, existem momentos em que podemos pensar: "Eu já ouvi o suficiente e não quero ouvir mais nada". Karl Menninger, psiquiatra americano, acreditava que "os amigos que nos escutam são aqueles a quem procuramos e de quem queremos ficar perto". Se um relacionamento é importante para nós, é sensato lembrar que a diferença entre alguém se sentir à vontade conosco ou nos evitar depende da nossa disposição de ouvir.

Dr. Paul Tournier, o eminente psiquiatra e autor suíço, referiu-se da seguinte maneira a essa necessidade univer-

---

1 Tiago 1.19.
2 Dr. John Calvin Maxwell, autor, palestrante e pastor evangélico, com mais de 12 milhões de livros vendidos.

sal. "É impossível", disse ele, "enfatizar demais a imensa necessidade que os seres humanos têm de serem ouvidos, de serem levados a sério, de serem compreendidos. Ninguém pode se desenvolver livremente neste mundo e sentir-se realizado sem ser totalmente compreendido pelo menos por uma pessoa... Preste atenção às conversas que acontecem no mundo, tanto entre os países quanto entre casais. Elas são, em sua maior parte, diálogos entre surdos".

Suas palavras me condenaram. Elas geralmente fazem isso, mas essas me acertaram profundamente, porque alcançaram uma área de fraqueza em minha própria vida. Não uma fraqueza visível, mas uma muito bem escondida. Há algum tempo comecei a perceber que precisava aprender a dominar uma matéria muito mais difícil do que falar... e que exige uma habilidade enorme:

Ouvir.

Não estou dizendo somente escutar. Ficar sorrindo e consentindo enquanto a boca de alguém se move. Meramente ficar quieto até que chegue a "sua vez" de dizer algo. Todos nós somos bons nesse jogo – jogado na vida social.

Diálogos de surdos! Os sons saem das cordas vocais: ruídos guturais são transformados em palavras por línguas e lábios, mas tão pouco se ouve – quero dizer, realmente se ouve. Como Samuel Butler, eminente poeta e catedrático inglês, disse uma vez: "São necessárias duas pessoas para dizer algo – a que fala e a que ouve. Uma é tão importante quanto a outra".

Li sobre um homem que desceu do metrô de Washington, D.C., na estação L'Enfant Plaza, e pôs-se junto à parede, perto de uma lixeira. Ele vestia uma camiseta de mangas longas, calça jeans, e um boné do time de beisebol Washington National. Tirou um violino de um estojo comum, deixou o estojo aberto no chão, pôs dentro dele alguns dólares e começou a tocar.

O trânsito matinal de pedestres era pesado, e muitos se apressavam para o trabalho; provavelmente funcionários do governo. L'Enfante Plaza fica no meio de Washington federal. A maioria das pessoas eram burocratas: consultores, gerentes de projetos e especialistas.

Durante 43 minutos, ele tocou seis peças clássicas. Nesse breve tempo, 1097 pessoas passaram por ele. A sua música não foi notada; poucos pararam. O trabalho e o dia estavam-lhes à mente. Preocupações com tarefas, desafios ou oportunidades têm um modo de ocupar-nos o foco.

Algumas das pessoas podem ter apreciado por um curto instante o som preciso e perfeito do violino. Algumas devem ter se irritado ou pensado: "Por que este cara não arranja um trabalho de verdade, como todo mundo?" A outros pode ter ocorrido a rápida ideia de que "este rapaz poderia ser realmente bom, caso se dedicasse um pouco a isto".

O violinista parado junto à parede nua, enquanto centenas de pessoas passavam por ali, era Joshua Bell, de 39 anos, um dos músicos clássicos mais admirados do mundo, tocando algumas das mais refinadas peças já compostas, num Stradivarius de 3,5 milhões de dólares.

Gene Weingarten, o premiado jornalista do *Washington Post*, comentou: "Joshua Bell rotineiramente enche as salas de concertos em todo o mundo. Mas quando transeuntes da hora do *rush* têm a oportunidade de ouvi-lo de graça, nem sequer fazem uma pausa para escutá-lo".

O jornal *Washington Post* estava fazendo uma experiência, cujo tema era percepção e prioridades.[3]

---

3   Gene Weingarten: "Pearls Before Breakfast", *Washington Post*, 8 de abril, 2007, p. W10

Para recarregar a bateria:

A preocupação diária e a nossa escolha em não ouvir aqueles à nossa volta podem fazer com que deixemos passar algumas pessoas – e oportunidades – especiais. O perigo de não ouvir pode estar na possibilidade de não atentar para algo crucial. Podemos não perceber uma ideia brilhante, não perceber um novo e maravilhoso talento, ou deixar escapar a solução que procurávamos.

Em que conversa fingíamos estar envolvidos, enquanto nos preocupávamos com os próprios pensamentos? Que momentos escolhemos ignorar, quando, por um breve instante, poderíamos ter ganhado uma tremenda inspiração ou descoberto uma pessoa? O que perdemos de nossos filhos, cônjuges, subordinados, chefes ou amigos por não estarmos ouvindo? Estar no topo pode levar-nos a não pensar em mais nada além de nós mesmos.

Há algum tempo assistia a um documentário sobre Paul Potts e como ele foi descoberto; fiquei emocionado. O documentário relatava que o programa de televisão "Britain's Got Talent" estava procurando por alguém para representar a rainha no Royal Variety Performance. O vencedor receberia 250 mil libras.

Paul Potts[4], um vendedor de celular no país de Gales, pisou humildemente no palco, usando um terno ba-

---
4   http://www.youtube.com/watch?v=iS-F0ZfSEUA

rato, um corte de cabelo ruim e pouca expressão facial. Seu físico baixo e acima do peso causaram reações iniciais negativas na audiência. Simon Cowell, o jurado notoriamente crítico, e o imenso auditório olharam para o ousado candidato e, rapidamente, analisaram-no como um pretendente sem chance. Ninguém espera uma performance de qualidade.

Paul Potts havia passado por muitos problemas de saúde. Um apêndice supurado, um grande tumor na glândula suprarrenal e uma clavícula quebrada numa queda de bicicleta – quando ia para o trabalho – faziam parte de sua maré de má sorte.

Fitando os olhos dos jurados, ele começou a cantar "Nessum Dorma", tornada famosa por Luciano Pavarotti. A voz parecia surreal. O diapasão era perfeito. Imediatamente, todos passaram a escutar. O queixo de Simon Cowell caiu, os outros jurados olhavam abismados, e as lágrimas rolaram pela face deles. Seus corações achavam-se pasmos e profundamente comovidos.

Potts recebeu a ovação de um auditório de 2000 pessoas, que o aplaudiu de pé, no Cardiff's Millennium Center, e o elogio do júri, que incluía o ex-editor de tabloide Piers Morgan e a atriz Amanda Holden.

Potts relatou: "Ouvi dizer que alguns dos ouvintes desfizeram-se em lágrimas, e que Amanda diz que os cabelos de sua nuca se arrepiam quando ela se lembra".

Algumas semanas mais tarde, diante de 13 milhões de espectadores, ele parecia um pouco diferente. As pessoas disseram que passaram a ver e ouvir Paul Potts com outros olhos e ouvidos. Agora, enxergam-no além da aparência, roupa, corte de cabelo, etc., e apenas o ouvem. Ele roubou *a cena, e naquela noite ganhou todo dinheiro. Sua vida foi para sempre mudada.*

Quantos Paul Potts existem por aí? Demasiadamente rápido, analisamos as pessoas por sua estatura, vestimenta, raça ou renda.

Estamos ouvindo aqueles à nossa volta? As pessoas geralmente se comunicam sem palavras. Os membros de nossa família sinalizam o tempo todo. Nossos subordinados, chefes, colegas de trabalho, professores e alunos acham-se continuamente em comunicação.

Ouvir significa ler a linguagem corporal, escutar as palavras e os tons da voz, e usar a intuição. Todos nós possuímos um "terceiro ouvido", que escuta a comunicação, concentrando-se em mais que simplesmente palavras. Se formos cuidadosos no prestar atenção, entenderemos com grande acurácia o que os outros estão realmente dizendo – ou tentando dizer.

Dois ouvidos, dois olhos e somente uma boca. Talvez isso nos mostre alguma coisa. Eu desafio você a tentar, junto comigo, ser um ouvinte melhor. Com seu cônjuge. Seus amigos. Seus filhos. Seu chefe. Seu Professor. Seus alunos. Enfim... Todo aquele que precisar de atenção.

> O modo como gosto de medir a grandeza é a seguinte: Quantas pessoas você afeta? Em seu tempo na terra, quantas pessoas você pode afetar? Quantas pessoas você pode levar a querer melhorar? Ou quantas pessoas você pode inspirar?

— *Willard "Will" Christopher Smith Jr.,*
ator, rapper, produtor cinematográfico, produtor musical e produtor de televisão americano.

Somos **heróis**

"O que recebemos dos outros pode nos ajudar na vida; no entanto, aquilo que entregamos aos outros pode salvar vidas."

— *Arthur Robert Ashe (1943 – 1993),*
tenista americano.

Ser herói não tem nada a ver com circunstâncias corretas, nem dinheiro suficiente, nem oportunidades favoráveis. Ser herói é uma questão de ter a mentalidade correta. Quando tivermos uma mentalidade de herói, saberemos aproveitar as oportunidades, usar sabiamente o dinheiro que temos e ultrapassar qualquer obstáculo que entre em nosso caminho, para triunfar. Ser herói é algo que começa em nossa mente, tendo pensamentos positivos e eliminando todos os que são contrários. De forma simples: um herói pensa como tal e isso o leva a várias vitórias.

Viver como herói é resultado de adquirir e exercer as disciplinas de herói ao longo de toda vida. Disciplinas mentais, de trabalho, pessoais, verbais, emocionais e espirituais. Enfim, quando conseguimos adquirir as disciplinas corretas, não há como fracassar.

A tragédia de nossos dias me levou a ler um livro fascinante. Cansado dos rumores escandalosos explorados nas revistas semanais e reportagens especulativas que procuram escavar a vida particular das pessoas, eu precisava de uma nova esperança de que heróis verdadeiros continuam existindo, de que alguns permanecem como exemplos de grandeza, de que outros continuam dignos de nosso respeito e admiração.

Deixei então tudo de lado, enquanto me sentava para ler o excelente livro de Todd Hafer e Vicki Kuyper, *Para salvar uma vida*. Com menos de 250 páginas, baseado na mensagem do grandioso filme de mesmo título, diz-nos de modo muito persuasivo que, em algum momento, todo mundo precisa decidir: O que será da minha vida? Festejar? Divertir-se? Ou apenas sobreviver mais um dia? Ou será viver uma vida de importância e fazer uma verdadeira diferença no mundo?

Sou um herói?

Você nasceu para ser um herói, um líder, alguém que influencia pessoas e deixa sua marca na história. Na verdade, nascemos destinados a algo especial, pois cada um de nós tem um objetivo específico para oferecer para o mundo, algo que só nós sabemos. Só há um que jogou futebol como Pelé; apenas um tem a habilidade mental de Stephen W. Hawking; nenhum outro cineasta tem a criatividade de Steven Spielberg. Seja trabalhando, praticando esporte, cozinhando ou dirigindo de forma especial, existe algo que somente você pode fazer de determinada forma, por isso você deve assumir seu papel e cumprir seu propósito. É isso que os heróis fazem.

Ouse fazer a diferença no mundo.

Numa grande conferência de negócios, há alguns anos, eu participava como um dos palestrantes. O tema que haveria de falar era liderança e resultados, tomei o centro do palco para falar àquela grande multidão de executivos e iniciei fazendo um gentil pedido: "Por favor, em 10 segundos parem para pensar nas pessoas que os ajudaram a se tornarem quem vocês são, aquelas que se importaram com vocês e que querem o melhor para vocês na vida. Dez segundos. Vou marcar o tempo".

Essa deveria ser a brecha para que as pessoas começassem a checar suas anotações em seus *laptops* e enviar mensagens eletrônicas para o escritório ou talvez sair do auditório para fazer uma chamada telefônica ou fumar. Mas em vez disso, alguma coisa estranha aconteceu.

O auditório ficou tão silencioso quanto um necrotério. Depois, o silêncio foi quebrado pelo som não muito ouvido em conferências de negócios – o barulho de pessoas chorando.

Sisudos homens de negócios e mulheres insensíveis procuravam por um lenço nos bolsos de seus elegantes ternos ou em suas bolsas. Se você visse, pensaria que essas pessoas tinham acabado de assistir à cena final de um dos filmes mais tristes já produzidos.

Venho repetindo essa mesma pergunta em quase todos os eventos em que eu tenho participado e a reação das pessoas é sempre a mesma. A conclusão: Aquilo que é de fato importante na vida não é o quanto em dinheiro você lucra. Não é o seu cargo no trabalho. Não é a quantidade de conhecimento que você tem. Não é quantidade de resultados que aparecem quando alguém pesquisa o seu nome no Google.

É o relacionamento que você tem com as pessoas ao seu redor – especialmente aquelas que o apoiam com amizade, bondade, sábios conselhos e que estão sempre de braços abertos.

Então, que tal você se confrontar com a mesma questão? Por favor, pense em sua vida por um minuto ou dois. Pense nas pessoas que têm estado ao seu lado, apoiando e encorajando você, principalmente nos momentos de crise. Pense nos amigos, irmãos, professores, pais, líderes ou pessoas que você sabe que pode chamar a qualquer hora do dia ou da noite. Imagine o rosto dessa pessoa que faria tudo e qualquer coisa que fosse possível para lhe ajudar. Recorde as palavras que essa pessoa falaria para você. Lembre-se daquele cartão, bilhete ou e-mail que você recebeu. Sinta aquele braço confiante tocando seus ombros.

Não salte agora para o próximo parágrafo. Faça esse exercício primeiro.

Tudo bem?

Está precisando de um lenço de papel?

Se esse pequeno exercício o ajudou a ser mais grato a algumas pessoas em sua vida, isso é uma coisa boa. Mas é apenas o começo para a minha pergunta inicial: Sou um herói?

Enquanto você pensava nos anjos terrestres que você tem em sua vida, você parou para pensar que você provavelmente também é um anjo para alguém aqui na Terra? E se não for, poderia ser. Eu explico.

Existe um grande mito pairando no ar nos dias de hoje. É o mito de que você precisa ser famoso para ser qualquer coisa importante na vida. Você tem que ser rico. Você tem que aparecer na TV. Você tem que ser um *rock star*. Você tem que ter pelo menos mil seguidores em uma rede social. Puro mito!

Você tem habilidades perfeitas para fazer a vida de alguém 100% melhor, provavelmente a vida de muitas pessoas. O vocalista Bono, famoso e engajado em ideais sociais, não pode fazer por estas pessoas o que você pode.

Para recarregar a bateria:

Charlie Plumb, formado pela Academia Naval americana, foi piloto de jatos no Vietnã. Depois de 75 missões de combate, seu jato foi abatido por um míssil. Plumb foi ejetado, desceu de paraquedas nas mãos dos inimigos e foi capturado, passando seis anos na prisão comunista. Ele sobreviveu a essa experiência penosa e hoje faz palestras sobre as lições aprendidas naqueles anos.

Certo dia, quando ele e a esposa estavam num restaurante, um homem de outra mesa se aproximou e disse:

– Você é o Plumb! Você pilotava jatos de combate no Vietnã, que partiam do porta-aviões USS Kitty Hawk. Você foi abatido!

– E como é que você sabe uma coisa dessas? – perguntou Plumb.

– Era eu que dobrava o seu paraquedas – respondeu o homem.

Plumb ficou ofegante, surpreso e grato. O homem agarrou sua mão e disse:

– Espero que tenha aberto direito!

Plumb garantiu:

– Certamente! Se eles não tivessem funcionado, eu não estaria aqui hoje.

Plumb não conseguiu dormir naquela noite, pensando no homem. Ficou imaginando como seria a sua aparência usando um uniforme da Marinha. Pensou em quantas vezes o vira e nem mesmo lhe dissera "Bom dia", ou "Como vai você?", ou qualquer outra coisa, porque, afinal de contas, ele era um piloto de combates e aquele homem, um marinheiro. Plumb pensou nas muitas horas em que o marinheiro passou no interior do navio, ajeitando os tecidos e fazendo as dobras das sedas de cada paraquedas, tendo nas mãos o destino de alguém que ele não conhecia.

Então, quem está dobrando seu paraquedas?

Talvez a pergunta certa não seja esta, a pergunta correta é para quem você está dobrando o paraquedas? Todo mundo precisa de alguém que o ajude com o necessário para chegarmos ao fim do dia. E isso nos permite sermos heróis todos os dias.

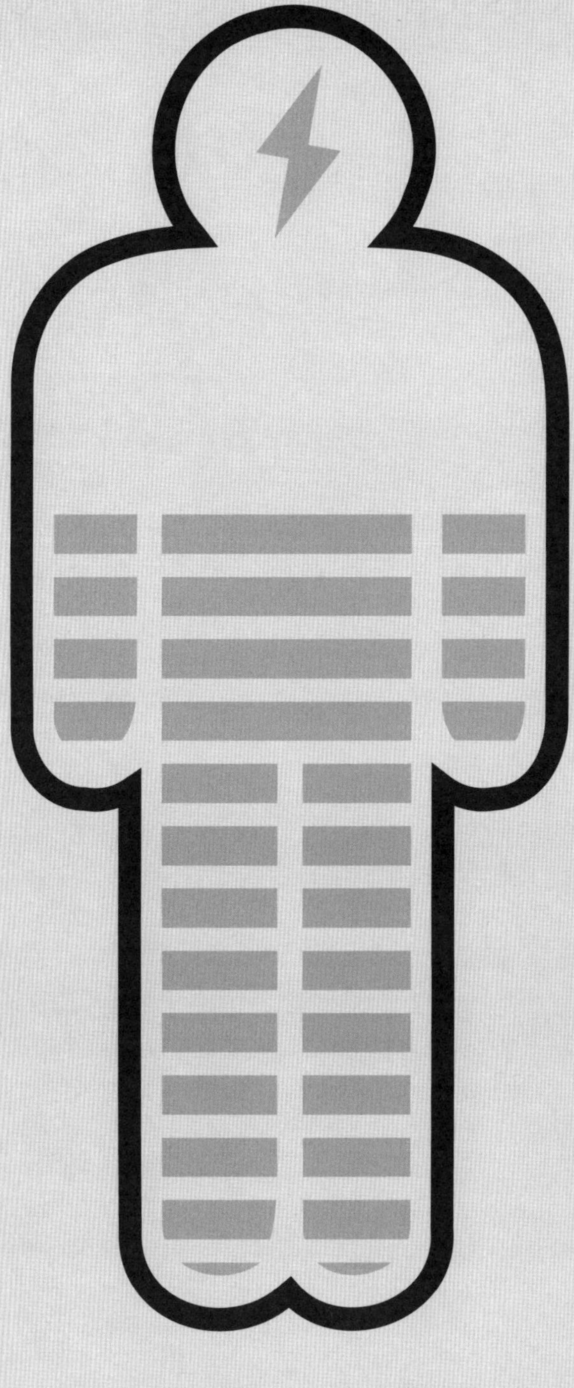

> **Aliviar a angústia de outra pessoa é esquecer a própria.**

— *Abraham Lincoln (1809 - 1865),*
16º presidente dos Estados Unidos.

Generosidade e **nobreza**

> "A distância que você consegue percorrer na vida depende da sua ternura para com os jovens, da sua compaixão pelos idosos, da sua solidariedade com os esforçados e da sua tolerância para com os fracos e os fortes, porque chegará o dia em que você terá sido todos eles."
>
> — *George Washington Carver (1864 - 1943)*,
> botânico, inventor, cientista e agrônomo americano.

Todos os anos, os aventureiros em melhor forma da Terra voltam sua atenção para o pico de mais de 8.800 metros. Todos os anos, alguns morrem nessa tentativa. O cimo do Everest é conhecido por sua total falta de hospitalidade. Alpinistas chamam a região acima dos 7.900 metros de "zona da morte". Dan Mazur considerava-se um homem de sorte. A maior parte das pessoas o teria considerado louco. Ele estava a uma caminhada de duas horas do cume do monte Everest, a trezentos metros da realização do sonho de uma vida inteira.

As temperaturas caem e ficam abaixo de zero. Tempestades de neve tiram quase toda a visão. A atmosfera é rala em oxigênio. Cadáveres pontuam o cimo da montanha. Um alpinista britânico morrera dez dias antes da tentativa de Mazur. Quarenta alpinistas que poderiam ter ajudado escolheram não o fazer. Eles passaram por ele no caminho para o topo.

O Everest pode ser cruel.

Ainda assim, Mazur se sentia com sorte. Ele e dois colegas já avistavam o cume do monte Everest. Anos de planejamento. Seis semanas de escalada e, agora, às 7h30min da manhã do dia 25 de maio de 2006, o ar estava parado, o sol da manhã brilhava, a energia e as expectativas estavam nas alturas.

Foi aí que um brilho amarelo chamou a atenção de Mazur: um pedaço de tecido amarelo no cimo da colina. Primeiro, ele pensou que fosse uma barraca. Logo ele viu que era uma pessoa, um homem precariamente empoleirado em uma rocha pontiaguda. Estava sem luvas, de jaqueta aberta, mãos de fora, peito nu. A privação de oxigênio pode inchar o cérebro e causar alucinações. Mazur sabia que o homem não tinha a menor ideia de onde estava, então andou em sua direção e o chamou.

– Você pode me dizer seu nome?

– Sim – respondeu o homem, parecendo contente –, eu posso. Meu nome é Lincoln Hall.

Mazur ficou chocado. Ele reconheceu aquele nome. Doze horas antes ele ouvira a notícia no rádio: "Lincoln Hall está morto na montanha. A equipe dele abandonou o corpo na subida."

E, no entanto, depois de passar a noite no frio de menos vinte graus e com pouco oxigênio, Lincoln Hall ainda estava vivo. Mazur estava cara a cara com um milagre.

Ele também estava cara a cara com uma escolha. Uma tentativa de resgate oferecia sérios riscos. A descida já era traiçoeira, ainda mais com o peso morto de um homem à beira da morte. Além do mais, quanto tempo mais Hall sobreviveria? Ninguém sabia. Os três alpinistas poderiam sacrificar seu Everest à toa. Eles tinham de escolher: abandonar o sonho deles ou abandonar Lincoln Hall.

Eles escolheram abandonar o sonho deles. Os três deram as costas para o pico e desceram lentamente a montanha.

A decisão deles de salvar Lincoln Hall apresenta uma grande questão. Nós faríamos o mesmo? Deixaríamos a ambição de lado para salvar outra pessoa? Deixaríamos nossos sonhos de lado para resgatar outro alpinista? Daríamos as costas aos nossos cimos das montanhas pessoais para que talvez outra pessoa pudesse viver?

Todos os dias, tomamos decisões difíceis como essa. Não no Everest com aventureiros, mas em lares com cônjuges e filhos, no trabalho com colegas, nas escolas com amigos, nas igrejas com irmãos de fé. Regularmente, deparamos com decisões sutis, mas relevantes, e todas elas caem na categoria de quem vem primeiro: eles ou eu?

Quando um pai escolhe a melhor escola para os filhos, em vez de uma boa oportunidade para a carreira que envolva transferência de cidade.

Quando o aluno almoça com os colegas negligenciados, em vez de com os legais.

Quando a filha crescida passa seus dias de folga com sua mãe idosa na unidade psiquiátrica.

Eis o ingrediente mais surpreendente de um grande dia: autonegação.

Nós não imaginamos que o contrário é verdade? Grandes dias emergem do solo da autoindulgência, da autoexpressão e autocelebração. Então, mime-se, dê-se a um luxo e promova-se. Mas se negar? Quando foi a última vez que você viu este anúncio: "Vá em frente. Negue-se e divirta-se muito"?

Lincoln Hall sobreviveu à viagem de descida do monte Everest. Graças a Dan Mazur, ele sobreviveu para se juntar à esposa e aos filhos na Nova Zelândia. Um repórter de televisão perguntou à esposa de Lincoln o que ela pensava dos salvadores, os homens que abriram mão de seus ápices para salvar a vida de seu marido.

Ela tentou responder, mas as palavras lhe faltaram. Vários momentos depois, e com os olhos marejados, ela declarou: "Bem, há um ser humano maravilhoso. E também os outros que estavam com ele. O mundo precisa de mais gente assim".

Que sejamos contados entre eles.

Para recarregar a bateria:

Se hoje fosse seu último dia de vida, como você o passaria? Encarar a morte é um remédio amargo, mas a maioria de nós poderia provar uma colher bem cheia dele. A maioria de nós pode se beneficiar de uma lembrança de morte. Você não quer uma, nem gosto de dar uma, mas precisamos saber disto: hoje estamos um dia mais próximos da morte do que estávamos ontem.

Se hoje fosse seu último dia, você faria o que está fazendo? Ou você amaria mais, doaria mais, perdoaria mais? Então faça isso! Perdoe e doe como se fosse sua última oportunidade. Ame como se não houvesse amanhã e, se houver um amanhã, ame novamente.

Li uma excelente história sobre Fiorello H. La Guardia[1]. Quando era prefeito de Nova Iorque em 1935, ele apareceu certa noite no tribunal da área mais pobre da cidade, pediu ao juiz que fosse para casa e assumiu as funções do magistrado.

O primeiro caso julgado por La Guardia envolvia uma mulher idosa que fora presa por roubar pão. Quando ele lhe perguntou se era inocente ou culpada, ela respondeu suavemente: "Eu precisava do pão, Meritíssimo, para alimentar meus netos." "Não tenho opção senão puni-la", respondeu o prefeito. "Dez dólares ou dez dias na prisão."

Ao mesmo tempo que proclamava a sentença, ele jogou dez dólares em seu chapéu. A seguir, multou em cinquenta centavos de dólar cada pessoa presente na sala do tribunal por viverem numa cidade "onde uma avó precisava roubar para alimentar os netos". Imagine a surpresa dos presentes, que estou certo imaginavam estar diante de um caso claro em que a culpa do réu era indiscutível. Depois que todos contribuíram com seus cinquenta centavos, a mulher pagou a multa e deixou a sala do tribunal com um lucro de 47 dólares e cinquenta centavos.

---

1 Fiorello La Guardia foi o prefeito da cidade de Nova Iorque por três mandatos consecutivos, entre 1934 a 1945. Antes de ser eleito prefeito, La Guardia foi um membro do partido republicano muito popular durante o início da década de 1930.

> Seja bondoso com as pessoas em seu caminho de ida, pois você as encontrará em seu caminho de volta.

— *Wilson Mizner (1893 - 1933),*
dramaturgo americano.

A **vida** é como **eco**

"Como vocês querem que os outros lhes façam, façam também vocês a eles... Não julguem, e vocês não serão julgados. Não condenem, e não serão condenados. Perdoem, e serão perdoados. Deem, e lhes será dado... Pois a medida que usarem também será usada para medir vocês."[1]

— *Palavras de Jesus,*
Evangelho de Lucas.

A vida é como eco. Se não gostamos do que recebemos, devemos prestar atenção no que emitimos.

Um garotinho vivia com seu avô no alto de uma montanha. Frequentemente, só para ouvir o som de sua voz ecoando, ele saía, colocava as mãos ao redor da boca e gritava: "ALÔ!". Das montanhas a resposta vinha: "ALÔ... ALÔ... alô... alô...". Depois que ele gritava vinha a resposta: "EU AMO VOCÊ... EU AMO VOCÊ... Eu amo você... Eu amo você...".

Um dia ele se comportou mal e seu avô o disciplinou severamente. Reagindo agressivamente, o garotinho balançou seu braço e gritou: "EU ODEIO VOCÊ!". Para sua surpresa, as rochas e picos das montanhas responderam dessa forma: "EU ODEIO VOCÊ... EU ODEIO VOCÊ... Eu odeio você... Eu odeio você...".

---

1 Lucas 6.31, 37, 38.

A vida é assim. Chame isso de uma das leis imutáveis da natureza humana. Nós recebemos exatamente o que damos. A vida lhe devolve tudo o que você diz e faz. A vida é simplesmente um reflexo de nossas ações. Ela lhe devolve tudo o que você dá a ela.

Sua vida não é uma coincidência: ela reflete você! Se quiser saber quem é o responsável pela maioria de seus problemas, dê uma olhada no espelho. Se pudesse chutar o traseiro da pessoa responsável pela maioria de seus problemas, você ficaria sem poder sentar durante três semanas. É hora de sairmos de nosso próprio caminho.

Tudo volta. Ecos incríveis espelham nossas ações de uma forma enfática, algumas vezes até maior. Os resultados frequentemente são embaraçosos ou trágicos.

A lei dos ecos também funciona em nosso trabalho. As montanhas rochosas dentro das vidas dos outros estão prontas para ecoar as mesmas atitudes e ações que iniciamos. Quer que seus colegas de trabalho sejam amigáveis, altruístas, não façam comentários ácidos, cáusticos e nem olhem feio para você? O lugar certo para começar é com aquela pessoa que olha de volta para você do espelho do banheiro todas as manhãs.

A lei é exatamente consistente. Os filhos ecoam seus pais; alunos em uma sala de aula usualmente são ecos de seus professores. Se o que se comunica é negativo, severo, insensível e exigente... adivinha o que acontece? O eco reflete essas mesmas características, quase sem nenhuma exceção.

Recentemente li sobre uma professora que pediu a seus alunos para escreverem, em trinta segundos, nomes de pessoas que realmente odiavam. Alguns estudantes só conseguiram pensar em uma pessoa durante esse meio minuto. Outros listaram mais de catorze. O fato interessante que emergiu dessa pesquisa foi que aqueles que odiavam mais pessoas eram os mais odiados.

A lei dos ecos. Se você quiser que os outros o julguem e condenem, comece a fazer isso. Se deseja que sejam compreensíveis, acolhedores, que permitam que você seja você mesmo; então comece a ser dessa forma.

Sorrisos trazem sorrisos. Uma atitude positiva é contagiosa como um resfriado. Infelizmente, isso também acontece com suspiros, carrancas e palavras ásperas. O que você depositar no banco de ecos, você retira de volta. Algumas vezes com juros.

Para recarregar a bateria:

Li uma historia engraçada sobre Abraham Lincoln, ex-presidente dos Estados Unidos, que mostra a relação entre nossas atitudes e o efeito que elas exercem sobre quem somos. Um conselheiro de Lincoln recomendou determinada pessoa para certo cargo no gabinete, mas Lincoln rejeitou a sugestão. Disse ele:

— Não vou com a cara desse sujeito.

— Mas, senhor — protestou o conselheiro —, ele não pode ser responsabilizado pela cara que tem.

Ao que Lincoln retrucou:

— Todo homem com mais de 40 é responsável pela própria cara.

> *Quem você é e como pensa também são coisas que podem ser lidas em seu rosto. Ao se olhar no espelho, se você vir uma expressão amarga, estará enxergando a expressão como certamente será tratado.*
>
> *Uma das maiores descobertas que se pode fazer é que conseguimos mudar. Não importa onde você esteve ontem ou quão negativas suas atitudes foram no passado, você pode ser mais positivo hoje. E isso faz uma diferença incrível para seu potencial e vida.*

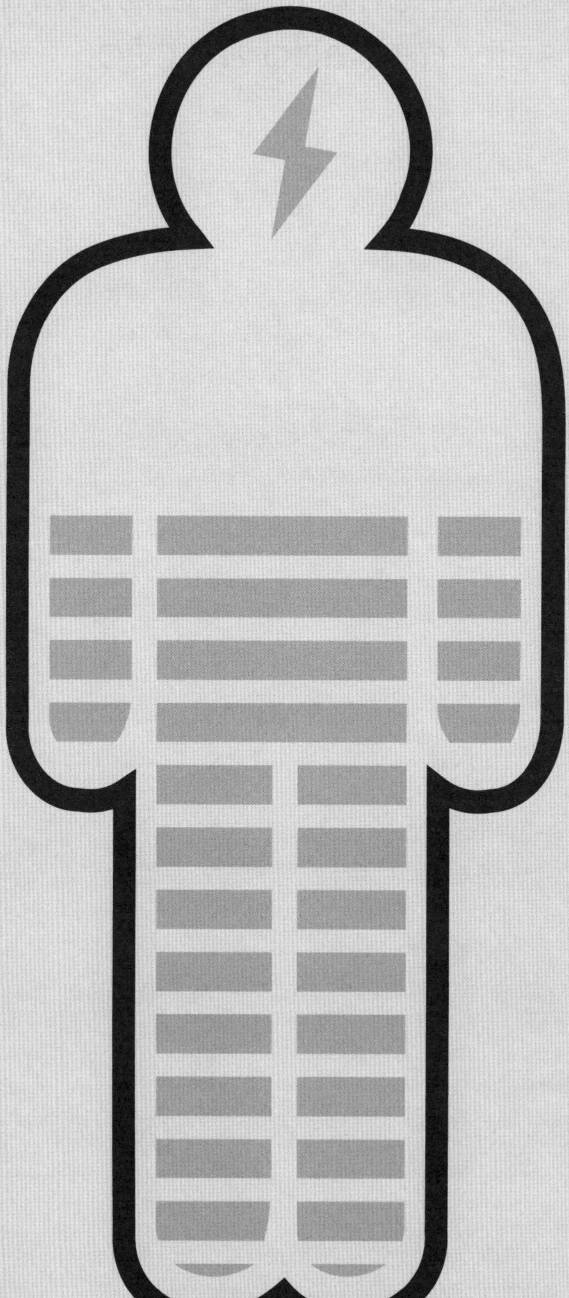

> "Dentro de cada um de nós existe um herói esperando para ser chamado à ação."
>
> — *H. Jackson Brown Jr.,*
> *escritor americano.*

Androceu e o leão

"Você não está no mundo só para sobreviver. Você está aqui para garantir que o resto do mundo viva de maneira mais ampla, com mais visão, com um espírito refinado, cheio de esperanças e conquistas.

— *Woodrow Wilson (1856 - 1924),*
28º presidente dos Estados Unidos.

As pessoas da Roma antiga contavam uma história sobre Androceu, um escravo cujo mestre era muito cruel. Androceu fugiu e se escondeu numa floresta por muito tempo. Ele estava feliz de estar livre, mas tinha dificuldade em encontrar alimento, então começou a ficar com fome e debilitado. Finalmente, certo de que estava morrendo, Androceu entrou em uma caverna escura e adormeceu.

Androceu despertou com um rugido alto de um leão que tinha entrado na caverna. Androceu achou que o leão iria devorá-lo, mas ficou admirado ao observar o animal mancando em círculos dentro da caverna, choramingando constantemente e rugindo de vez em quando com a dor.

Quando a feroz criatura finalmente se deitou, Androceu aproximou-se do leão cuidadosamente. Para a sua surpresa, o leão o deixou levantar a sua pata ferida. Androceu descobriu que um espinho afiado e comprido penetrava a pata da fera. Com um movimento rápido e preciso, ele extraiu o espinho da pata do felino. O leão, aliviado, lambeu o ferimento e enquanto Androceu ainda segurava a pata em suas mãos, ambos, homem e animal, adormeceram.

Na manhã seguinte, o leão saiu para caçar e trouxe alimento para Androceu e continuou a fazê-lo por muitos dias, até que um bando de soldados entrou na caverna e reconheceu Androceu como um escravo fugitivo. Os soldados o prenderam e o levaram a Roma.

Naqueles dias, os escravos foragidos eram forçados a lutar com animais selvagens no Coliseu para entreter a população. Depois de alguns dias na prisão, Androceu foi levado ao Coliseu. Seus guardas o arrastaram até a arena e o deixaram sozinho. Ele tremeu quando ouviu os rugidos da fera faminta.

Finalmente, o portão se abriu do outro lado da arena e um grande leão correu em sua direção, rugindo e mostrando as presas. A criatura pulou em cima de Androceu enquanto a plateia assistia admirada ao reencontro dos dois amigos que rolavam pelo chão felizes. Quando a multidão viu isso, eles pediram que Androceu e o leão fossem libertados, e o pedido foi atendido.

Essa fábula ilustra uma verdade importante evidenciada no cristianismo. No primeiro dos quatro evangelhos, Mateus registra as palavras de Jesus: "Bem-aventurados os misericordiosos, porque alcançarão a misericórdia". Também fica evidente que todas as pessoas, inclusive você, podem fazer diferença nesse mundo. Você não tem que ser um notável e destacado cidadão na sociedade, um pai modelo, um orador, um escritor ou um sucesso no seu trabalho. Você não tem de ser perfeito, santo, rico, sociável, excepcionalmente inteligente, altamente educado, cheio de autoconfiança ou mesmo incomum. Não importa quem você seja, onde vive ou quantas vezes tenha falhado. Você ainda pode fazer diferença. Você nunca é jovem demais, velho demais, inseguro de mais, com pouca educação ou enfermo demais para ser generoso, compartilhar experiências e fazer diferença. Então, não perca nunca a oportunidade de ser generoso. A vida te retribuirá!

Para recarregar a bateria:

Amo a história do menino de dez anos que vendia lápis de porta em porta na sua vizinhança. Quando um adulto interessado lhe perguntou o motivo por que ele vendia lápis, o menino respondeu: "Quero levantar seis milhões de dólares para construir um novo hospital para a cidade".

Atônito e curioso, o adulto exclamou: "Esse é um trabalho imenso para um menino só, não é mesmo?"

"Não é não", respondeu o grande sonhador de dez anos. "Tenho um amigo que está me ajudando."

O Mundo que Deus criou é um lugar extraordinário e bonito para se viver. Contudo, o mundo é tão grande e complexo que acho que não posso mudá-lo sozinho. Preciso de sua ajuda! Só de você? Isso mesmo – só de você.

Pessoas comuns têm o poder de transformar as vidas dos outros. Um sacerdote mais velho pode revitalizar um desesperado colega mais jovem puxando a cabeça desse homem atribulado para junto do seu peito. Um pai dedicado pode tocar seu filho com uma energia que penetra num coração insensível e desperta o que há de terno e verdadeiro nele. Uma filha adulta pode oferecer à mãe idosa algo que desperta a esperança no coração da mãe, esperança que a sustenta na solidão, na confusão, na dor.

Esse poder se acha na conexão, esse profundo encontro em que a porção mais verdadeira da alma de uma delas toca os recantos mais vazios da outra e ali encontra algo, infundindo-lhe vida. Quando isso acontece, o benfeitor fica mais pleno do que antes, e o favorecido, menos apavorado e no final mais ávido por vivenciar uma conexão ainda mais profunda, mais recíproca.

Em 1951, querendo fazer algo para ajudar os outros, Bennie Willmann teve a ideia de doar sangue. Como o sangue podia ser doado um pouco de cada vez, ele compareceu 240 vezes ao centro de coleta de sangue.

Bennie disse que era apenas um ex-marinheiro que lutou durante a Segunda Guerra Mundial. Ele se perguntou: "Não sendo rico, tive que fazer o que podia. O que mais podia fazer além de ajudar a dar vida a outra pessoa?"

Eu parabenizo Bennie por sua compaixão e por seu compromisso em ajudar os outros. Ele está mantendo as prioridades certas e fazendo coisas positivas e inspiradoras em sua vida.

A capacidade de mudar significativamente a vida dos outros não depende de conselhos, embora o conselho e a censura tenham a sua função; não depende de instituições, embora seja importante seu papel na sensibilização e mobilização para uma nova compreensão; depende, sim, da conexão, algo que une duas pessoas numa experiência de partilha da vida e generosidade.

O que puder fazer, comece já.

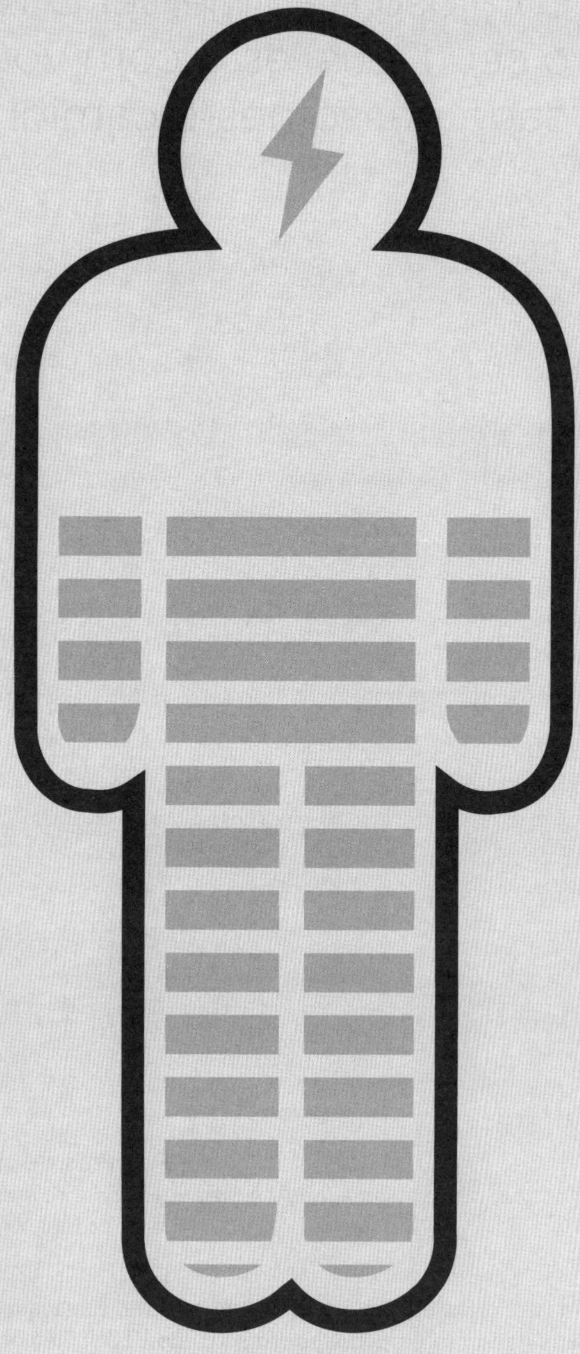

> ... Vou dizer de novo: seja corajoso e anime-se! O Eterno, o seu Deus, está com você a cada passo neste caminho.

— **Palavras de Javé[1] a Josué,** sucessor de Moisés, o grande líder hebreu. Registradas no livro de Josué c1. v9.

---

1 A palavra Javé (Yahweh, ou Yehovah) é uma convenção acadêmica para o hebraico יהוה, transcrito em letras romanas como YHWH, e conhecido como o Tetragrama, cuja pronúncia original é desconhecida. O significado mais provável de seu nome seria "aquele que traz à existência tudo que existe", porém existem diversas teorias e nenhuma é tida como conclusiva.

Aquilo que não me destrói torna-me mais forte

"O mundo avança graças àqueles que já sofreram."

— Lev Nikolayevich Tolstoi (1828 - 1910),
escritor russo.

Um artigo publicado em uma respeitável revista médica falava de um estudo baseado em 300 líderes que causaram grande impacto na história do mundo.

Depois de pesquisar algumas características em comum, o autor descobriu que os líderes tinham crescido como órfãos, seja pela separação dos pais, pelo aspecto emocional ou por uma grande perda na infância. A lista incluía nomes como Alexandre, o Grande; Júlio César; Robespierre; George Washington; Napoleão; rainha Vitória e Golda Meir.

Aquilo que não me destrói torna-me mais forte; é o título desse texto, mas também uma frase de Friedrich Nietzsche e muitas vezes citada por Martin Luther King Jr.

King, Gandhi, Solzheniëtisyn, Sakharov, Tutu, Mandela e muitos outros são exemplos vivos de que aquilo que não os destrói torna-os mais fortes. Em meio a circunstâncias capazes de causar destruição, essas pessoas corajosas emergiram com uma força que deixou aturdidas nações inteiras.

Li um comovente relato de um homem que sobreviveu ao Holocausto, seu nome: Elie Wiesel.

Elie nasceu em Sighet, pequena cidade da Romênia, onde a maior parte da população era composta de Judeus. Seus pais tinham uma loja e eram observadores devotos do Judaísmo Hassídico.

Na infância, Wiesel era um estudante aplicado do hebraico, e seus pais tinham esperança de que ele se tornasse rabino. Quando tinha 10 anos de idade, ele e a família enfrentaram o nazismo na Alemanha. Poloneses migrantes começaram a chegar em sua cidade com histórias de horror; em 1940, a cidade de Sighet foi transferida ao controle húngaro. Ainda adolescente, Wiesel tentava fugir dos pensamentos da guerra por meio do aumento do fervor religioso e de intensas orações pedindo o apressamento da vinda do Messias. Em 1944, os alemães chegaram a Sighet e logo ordenaram que os cidadãos judeus usassem uma estrela amarela na roupa, mudassem-se para os guetos designados e finalmente embarcassem em trens de transporte de gado para serem enviados aos campos de concentração na Alemanha. Wiesel foi mandado para Auschwitz.

Durante oito meses, Wiesel e seu pai sobreviveram ao trabalho escravo em Auschwitz. Então tiveram de suportar árdua marcha até o campo de concentração Buchenwald. Pouco mais de dois meses depois da chegada dos dois, o campo foi liberado. O pai de Wiesel morreu em Buchenwald; sua mãe e irmã mais nova foram vítimas das câmaras de gás de Auschwitz.

Depois da guerra, Wiesel viveu em várias casas na França, onde estudou e finalmente entrou na Universidade de Sorbonne. Para se sustentar conseguiu um emprego num jornal semanal escrito em iídiche (língua germânica falada por judeus).

Em 1949, viajou para Israel como correspondente de um outro jornal francês e, quando retornou a Paris, conseguiu um emprego como correspondente de Paris para um jornal judaico diário. Na década de 1950, fez muitas viagens como jornalista.

Durante uma entrevista com François Mauriac, ganhador do Prêmio Nobel de Literatura e cristão devoto, Wiesel finalmente se deu conta de que não era mais o entrevistador, mas o entrevistado. Mauriac convenceu-o a escrever sobre suas experiências em Auschwitz e o resultado foi a obra *Noite*, que lançou Wiesel à fama internacional.

No prefácio de *Noite*, o autor francês François Mauriac descreve seu primeiro encontro com Wiesel, depois de ter ouvido sua história.

"... Foi então que eu entendi o que havia me intrigado no jovem israelita: aquele olhar, como de um Lázaro levantado dos mortos, mas preso às fronteiras de onde ele havia vagueado entre os chocantes cadáveres.

Para ele, o grito de Nietzche expressava uma realidade quase física: Deus está morto; o Deus de amor, de bondade. Do consolo, o Deus de Abrão, de Isaque e de Jacó sumiu para todo o sempre, sob o olhar fixo desta criança, na fumaça de um holocausto humano.

Será que pensamos na consequência de um horror que, embora aparentemente menos terrível que outras atrocidades, é verdadeiramente pior do que todas as outras para aqueles dentre nós que têm fé: a morte de Deus na alma de uma criança que repentinamente descobre o mal absoluto?"

Para recarregar a bateria:

Depois de passar por tal monstruosidade, seria possível recomeçar a vida? Será que palavras como esperança, felicidade e alegria ainda podem vir a significar alguma coisa? É admissível falar sobre o valor do sofrimento na construção do caráter?

Elie Wiesel escreveu mais de 55 livros incluindo novelas, ensaios, peças de teatro, uma cantata e suas próprias memórias.

Wiesel defendeu a causa dos judeus soviéticos na Nigéria, dos índios mesquitas da Nicarágua, das vítimas do apartheid na África do Sul, dos refugiados cambojanos e dos bósnios de Sarajevo. Foi agraciado com o Prêmio Nobel da paz pela sua defesa da paz, da reconciliação e da dignidade humana. Em 1987, ele criou a Fundação Elie Wiesel para a Humanidade, a fim de reunir pessoas para examinar o que constitui o ódio e o fanatismo. Ele continua a chamar as pessoas à lembrança de que o coração humano tem uma tremenda capacidade para o mal e que jamais devemos esquecer este fato, ou nos tornaremos vítimas dele.

Lembre-se: aquilo que não me destrói torna-me mais forte.

Seja forte e corajoso! Não se apavore nem desanime, pois o Senhor, o seu Deus, estará com você por onde você andar.

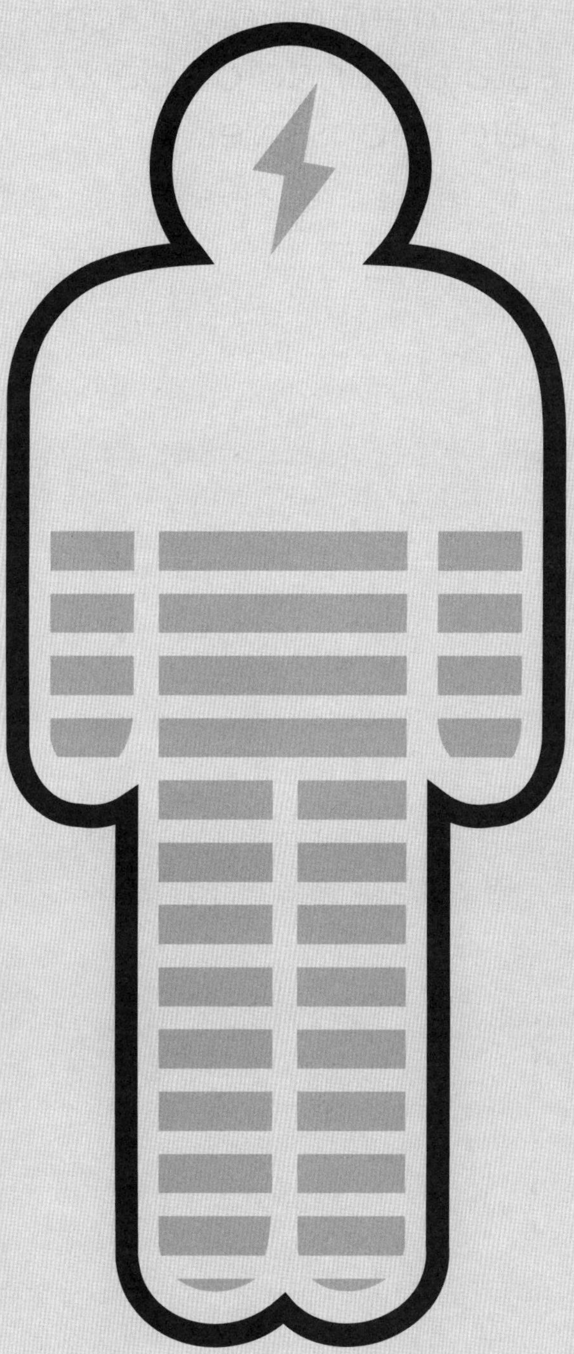

> "Deus ama com grande amor o homem cujo coração está ardendo de paixão pelo impossível."

— **William Booth (1829 – 1912)**,
pregador metodista britânico e fundador do Exército de Salvação.

Arrisque-se!

*"Se você quer andar sobre as
águas, você precisa sair do barco"*

— **John Ortberg,**
escritor e teólogo americano.

Há perigo em sair do barco, mas há perigo em ficar nele também. Se você vive no barco (seja qual for seu barco), acabará por morrer de tédio e estagnação. Tudo é arriscado! Arrisque-se e abrace a vida – recuse-se a arriscar-se e você nunca experimentará realmente a vida como ela poderia ser.

Você pode ter o melhor emprego do mundo e ainda assim descobrir que está se sentindo improdutivo e entediado.

Algumas vezes precisamos de aventura, precisamos de uma mudança de ritmo, de uma nova experiência, ou alguma coisa fora do comum que nos desperte, que nos coloque de pé e que nos impulsione para fora do círculo da monotonia e da mediocridade.

A monotonia e a mediocridade se encaixam como os dentes de duas engrenagens. Uma aciona a outra. E nós ficamos à deriva, bocejando, entediados.

Falando de monotonia, não me vem à mente só a falta da atividade envolvente, prazerosa e relevante, mas principalmente a falta de propósito. Podemos estar ocupados e, apesar disso, entediados, trabalhando com indiferença, tornando a vida monotonamente repetitiva, insípida, vulgar e reles.

Quem esperaria que tais coisas constituíssem um inimigo? Parecem coisas suaves demais, passivas demais, não merecedoras de menção sequer. Nada disso!

Trata-se de um dos dardos mais mortíferos do arsenal da pobreza. Atingindo o alvo, o veneno se espalha rapidamente deixando-nos desassossegados, descuidados e desiludidos. Nossa visão fica embaçada e nossos ombros começam a curvar-se. Tornando-nos massa mole frente a qualquer adversidade.

Com certeza, talvez umas férias, uma notícia agradável ou uma grande vitória do time de nosso coração possa nos despertar e nos tirar da letargia por algum tempo, mas logo voltamos a não sentir um entusiasmo real pela vida.

Nascemos, vivemos e morremos. Não podemos fazer nada com respeito a nascermos e morrermos, mas podemos fazer muito com respeito à maneira como vivemos.

Assumir responsabilidade pela maneira como vivemos é sinal de bravura. É necessário ter coragem para aceitar a vida como ela vem a nós e também é preciso coragem para estar determinado a extrair o máximo possível dela. A vida é curta demais para ser desperdiçada vivendo sempre com cautela ou sem se arriscar, em vez de buscar tudo que você pode ser. É hora de tomar uma atitude e fazer sua vida valer a pena: arregace as mangas e comece a agir para fazer diferença, ser relevante, contribuir e deixar um legado quando você partir.

Há um desejo inato no fundo de cada um de nós de atingir objetivos que parecem inatingíveis. Estou falando de sonhos e esperanças que todos nós temos; alguns estão logo abaixo da superfície, mas outros foram enterrados tão profundamente por tanto tempo que levará tempo para desenterrá-los. Faz parte de nossa natureza ter algo em direção ao qual estejamos nos movendo o tempo todo. Todos nós precisamos de algo pelo que lutar, pelo que trabalhar e com que sonhar.

Precisamos de um motivo para nos levantar da cama pela manhã, e um motivo que seja maior do que simplesmente existirmos para mais um dia. Creio que todos nós temos um profundo desejo de ser ousados, de sair da caixa e viver no limite, de andar sobre as águas. Se alguém nos perguntasse o que esperamos da vida, reconheceríamos imediatamente que queremos que a vida seja empolgante, mas alguns de nós nos tornamos confortáveis demais sentados recatadamente nos sofás das nossas respectivas vidas. Precisamos de um desafio, mas somente alguns de nós ousamos seguir nosso coração. Decidi ser um desses poucos. Você quer se juntar a mim? Você vai ousar ser diferente? Vai ousar viver a vida de verdade?

Não faz muito tempo, vi uma reportagem na qual o repórter entrevistou um guia *sherpa*, aqueles nepaleses que ajudam os alpinistas a chegar ao cume do Monte Evereste.

– Por que você faz isso? – perguntou o repórter ao guia.

– Para ajudar as pessoas a fazerem algo que não podem fazer sozinhas – respondeu o guia. O repórter então fez outra pergunta:

– Mas há muitos riscos envolvidos, muitos perigos. Por que você insiste em levar as pessoas ao topo daquela montanha?

O guia sorriu e respondeu:

– Por esta pergunta posso ver que você nunca esteve lá no topo!

A estrada mais segura para a mediocridade e a pobreza é a que se estende gradualmente – o aclive é suave, sem obstáculos, ausente de curvas repentinas, sem placas de quilometragem, nenhuma advertência. Conforto absoluto!

Chegar ao topo requer um sonho e coragem de viver sempre na zona do desconforto com o coração ardendo por algo aparentemente impossível.

Para recarregar a bateria:

Numa época em que parecia que todos os homens eram exploradores e que havia novos lugares por onde aventurar-se, Ernest Shackleton demonstrou coragem e uma capacidade de liderança que salvariam sua vida e a de toda tripulação.

Como muitos homens do seu tempo, Shackleton era obcecado por aventura. O que ele desejava acima de tudo era fazer algo que ninguém havia feito antes.

Ele queria ser o primeiro a conquistar o Polo Sul, mas todas as missões de que participou fracassaram. Isso, porém, não diminuiu seu otimismo nem abalou seu espírito empreendedor. O heroísmo que demonstrou em suas viagens foi tão incrível que chegou a receber o título de Sir; mas isso não bastava para satisfazer sua sede de aventuras. Ele ansiava por muito mais.

Em 1911, Roald Amundsen chegou ao Polo Sul, tirando a chance de Shackleton realizar o sonho de ser o primeiro explorador a pisar na região polar. Foi então que teve a ideia de navegar pelo Atlântico Sul e cruzar o continente a pé, passando pelo Polo.

Shackleton partiu com a tripulação rumo a seu objetivo, mas o que ele não poderia prever é que o navio ficaria encalhado no gelo antes mesmo de chegar à costa da Antártida, impedindo-os de seguir adiante.

O *Endurance*, uma embarcação de madeira idealmente aparelhada para enfrentar o gelo, fica completamente preso no mar congelado, à latitude de 74 graus sul e à mercê dos ventos e correntes que o levavam cada vez mais longe de seu porto de destino. Esse era apenas o prenúncio do que viria a se constituir a maior prova de superação humana que se tem registro na história. Shackleton e sua equipe não desistiram.

Decidiram ficar na embarcação até que a primavera derretesse o gelo e lhes permitisse romper a prisão branca que os mantinha encalhados.

O tempo passou, mas a situação não melhorou para eles. As placas de gelo esburacaram o casco do navio, obrigando a tripulação a abandonar o *Endurance* e se refugiar em uma imensa placa de gelo, com a esperança de serem resgatados ou chegarem a um porto seguro.

O otimismo e a força de vontade de Shackleton foram fundamentais para que todos resistissem, apesar da escassez de alimentos, frio extremo e da falta de sorte. Temendo o pior, ele e seus homens se lançaram no mar em botes salva-vidas. Depois de sete intermináveis dias remando, chegaram à ilha Elefante.

As possibilidades de resgate eram tão escassas que Shackleton apostou numa ideia louca, mas a única possível: percorrer 800 quilômetros em um pequeno bote salva-vidas junto com quatro homens para procurar ajuda e depois voltar para buscar os demais.

A natureza não facilitou as coisas. O vento e as ondas de mais de 15 metros estiveram a ponto de mandá-los para o fundo do mar, junto com todo aquele heroísmo.

Quando finalmente chegaram à Geórgia do Sul, perceberam que a estação baleeira que procuravam ficava do lado oposto da ilha. Aquelas terras eram tão inóspitas que ninguém havia se atrevido a adentrar mais de um quilometro, mas Shackleton não podia abandonar seus homens, que esperavam por ele na ilha Elefante.

Trinta e seis horas depois, cheio de hematomas e arranhões, ele chegou à estação e pediu ajuda para resgatar o resto da tripulação.

Mas para espanto de Shackleton, ninguém parecia interessado em ajudá-lo. Finalmente, obteve ajuda do governo chileno e, como por um milagre, quase dois anos depois da viagem, conseguiu resgatar todos os seus homens com vida.

Por mais difícil que se revele a situação, quem conserva o combustível da esperança é capaz de chegar a um porto seguro.

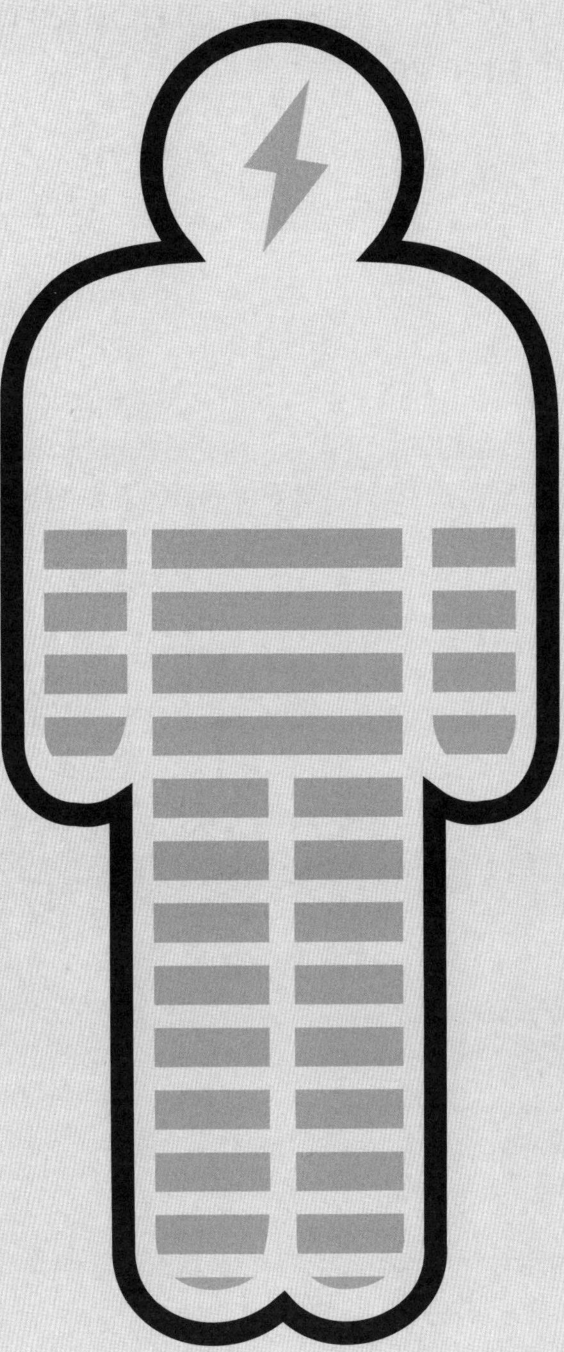

> "Algumas pessoas passam a vida toda se preparando para viver."

— **Abraham Maslow (1908 - 1970),**
psicólogo americano, conhecido pela proposta "Hierarquia de necessidades de Maslow".

Procrastinação

"Se não agora, quando?"

— *Hilel, o Ancião.*

Permita-me apresentar-lhe uma ladra profissional. Provavelmente você nunca irá distinguir essa pequena e ligeira moça no meio da multidão, mas muitos, ao longo dos anos, referiram-se a ela como uma formidável gigante. Rápida como laser e silenciosa como a luz da lua, ela pode invadir facilmente. Uma vez dentro, seus modos agradáveis irão cativar sua atenção. Você irá tratá-la como uma das suas melhores amigas.

Mas fique atento. Ela vai limpá-lo sem o mínimo remorso.

Sendo uma mestra da esperteza, a bandida irá rearranjar os fatos o suficiente para ganhar a sua simpatia. Quando os outros chamarem sua atenção acerca de seu caráter, você se verá não somente acreditando nela, mas também agindo em sua defesa e apoio. Tarde demais, você conseguirá enxergar através de sua astúcia e dar-lhe crédito como a mais inteligente das ladras. Alguns nem mesmo percebem que foram atacados por ela. Vão para o túmulo de braços dados com o mesmo ladrão que roubou as suas vidas.

Seu nome? Procrastinação. Sua especialidade? Roubar o tempo e incentivo. Ela vem e troca valores inestimáveis por substitutos fajutos: desculpas, racionalizações, promessas vazias, embaraço e culpa. Como a maioria dos marginais, essa profissional o atinge quando você está desprevenido – no momento quando relaxa as defesas. Você acorda num sábado de manhã. Foi uma semana horrível. As insistentes vozes das tarefas ainda não terminadas ecoam em sua cabeça lutando por sua atenção. Subitamente sua coartista aparece e começa a barganhar com você. Ao pôr do sol ela foi embora... e também o seu dia... e sua esperança.

Você pisa na balança do banheiro e não acredita. O marcador está mostrando a verdade – mas a ladra oferece outra interpretação. Roubando a sua motivação, ela sussurra a palavra mágica – amanhã – e você vai procurar um doce para celebrar sua filosofia:

Nunca faça hoje o que você pode fazer amanhã.

Você se depara com uma decisão crucial essa tarde. Ela tem sido construída por duas semanas. Você a ignorou, esquivou-se, adiou – mas não há mais como fugir. Hoje é o dia "D". Você se comprometeu. Trinta minutos antes do prazo, essa ladra lhe oferece um álibi perfeito e atrás dessa defesa a sua decisão escorrega para outro dia.

Nenhuma despesa é mais bem paga. Nenhum mentiroso é mais respeitado. Nenhum ladrão é mais recompensado. Nenhum gigante é mais bem tratado.

Você sabe que é – ela sempre ganha, mesmo você estando ciente que é uma grande fora da lei. Ela pode convencer qualquer estudante a esquecer a lição de casa, um executivo a desfazer acordos. Ela pode convencer um a negligenciar as louças e qualquer pai ou mãe a não disciplinar seus filhos. Ela pode impedir qualquer vendedor de efetuar uma venda. Ela tem uma estratégia e concentra todos os seus esforços em um único objetivo: destruir seu sucesso.

"Como eu posso vencê-la?", você pergunta. Qual é o segredo – a fórmula – para escapar da intimidadora rede dessa ladra? Como impedir que o gigante invada e entre?

É realmente simples... tão simples que você não acredita. Tudo gira em torno de uma palavra, talvez a palavra mais fácil de ser usada em nosso idioma. Quando utilizada apropriadamente, ela carrega mais peso que uma tonelada de boas intenções. A ladra não consegue suportar o som dela. Essa palavra faz com que a procrastinação recue, totalmente frustrada. Se você usá-la constantemente, pode até ficar cansado de ouvi-la – e deixá-la em paz.

Curioso? Vou fazer um acordo com você. Eu lhe digo a palavra se prometer usá-la na próxima vez que for tentado a ouvir essa falsa conselheira. Entretanto, há um porém. Talvez seja fácil dizê-la, mas vai requerer toda a disciplina que tem para realmente vivê-la. Implementá-la vai exigir, na verdade, muita coragem.

A palavra é "Agora".

Para recarregar a bateria:

Não deixe para depois!

Apenas uma coisa vai impedi-lo de mudar e se transformar na pessoa que você e Deus querem que seja. Não é o diabo. Não são outras pessoas. Não são as circunstâncias. É a procrastinação.

Conheço tantas pessoas que estão se preparando para viver, mas nunca vivem. "Estou querendo mudar", dizem. E tenho vontade de responder: "Que bom, mas quando você vai dar a partida?"

A procrastinação é fatal. Um dia desses vou ao dentista. Um dia desses vou fazer aquela cirurgia. Um dia desses vou passar mais tempo com a família... realizar aquele sonho. Um dia desses vou entrar em forma. Um dia desses! Com muita frequência, esse dia nunca chega.

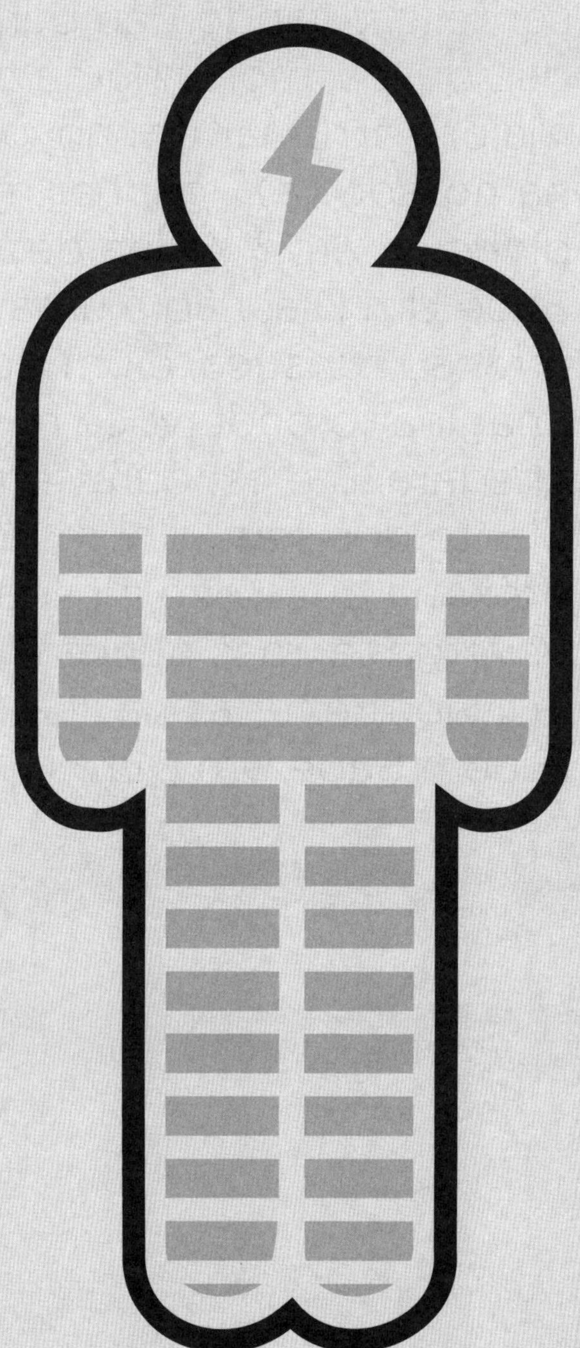

> Você já disse: 'Um dia eu vou ser feliz, quando... eu perder dez quilos, morar numa casa maior... arrumar um novo namorado (a)... ganhar mais dinheiro, etc.?' A ilha de 'Quem Sabe Um Dia' não é uma atração turística, é um destino imaginário onde você nunca chegará. É a cenoura sempre diante dos seus olhos. Tão próxima que você é capaz de enxergá-la, mas nunca alcançá-la. Não tire férias na ilha de 'Quem Sabe Um Dia'.

— *Frank F. Lunn,*
expert em marketing e autor de livros de negócios.

Quem **sabe** um **dia**...

"A única diferença entre a rotina
e o túmulo é a profundidade...
E a primeira coisa que você faz
quando entra numa rotina é parar
de se movimentar."

— *Brian Tracy,*
escritor e conferencista canadense.

Rápido! Responda à seguinte charada: três rãs estão sentadas numa folha de vitória-régia que boia na água. Uma delas resolve pular. Quantas rãs ainda há na folha?

Se você disse três, acertou. Decidir pular e fazê-lo de verdade são duas coisas diferentes.

O motor mais potente do mundo não vai gerar nenhum movimento até o instante em que alguém com conhecimento, capacidade e vontade o inicie. Uma vez que é dada a partida, o motor pode levá-lo ao espaço. Enquanto não houver movimento você está em férias na ilha de "Quem Sabe Um Dia".

Como sair desse lugar? Ande logo e tome uma atitude, faça alguma coisa!

Quantas vezes nessa semana você decidiu fazer algo e acabou não fazendo? Para muitas pessoas, trata-se de uma rotina – mas com que frequência elas olham para trás, arrependidas de não terem corrido em busca de uma meta, ou de não terem passado um tempo explorando uma nova ideia, porque estavam esperando uma hora ou um dia mais oportunos.

Para alcançar o sucesso, você tem que decidir fazer algo diferente. A disparidade entre as pessoas que resolvem tomar a iniciativa e fazer algo que as levará ao êxito em contraposição àquelas que só falam do que gostariam que acontecesse é a mesma diferença entre dia e noite.

Nunca se contente com o *status quo*. Ele pode até ser confortável, mas você não tem como se aprimorar enquanto seguir a rotina de fazer sempre as mesmas coisas.

Ter a intenção de sair da rotina não conta! Você tem que tomar uma atitude para sair e seguir em frente. A atitude fará com que vejamos a vida como uma série de oportunidades, imagino que todas as pessoas acalentem sonhos, mas o que a maioria faz para transformá-los em realidade? Há um oceano de possibilidades, incluindo dias repletos de sol e algumas tempestades com ventos uivantes e ondas gigantescas, que se estendem por sobre as águas inexploradas. Se não formos prudentes, poderemos ficar com tanto medo dos prováveis perigos, tão preocupados com a segurança, que perderemos a aventura.

Ficar sentados inertes na cadeira da praia é uma opção, claro. Alguém que, olhando o horizonte, cogita possibilidades que começam com "Algum dia..." ou "Dentro de um ano ou dois, eu vou...", mas depois se recosta e continua só observando. O que teria acontecido se Cristóvão Colombo ficasse satisfeito em construir castelos nas praias da Espanha?

Sabemos que algumas pessoas ficam um tanto fora de si ao decidirem que uma mudança é necessária. Foi o que aconteceu com Larry Walters. Sua história é verdadeira, embora pareça difícil de acreditar.

Larry era motorista de caminhão, mas o sonho de sua vida era voar. Quando se formou no curso secundário, alistou-se na Força Aérea com a esperança de tornar-se piloto. Infelizmente, não conseguiu seu intento por ter a visão fraca. Depois de deixar o serviço militar, ele teve de contentar-se em ver outras pessoas pilotando os caças a jato que cruzavam os céus, sobrevoando seu quintal. Sentado em sua cadeira, ele sonhava com a mágica de voar.

Certo dia, Larry Walters teve uma ideia. Dirigiu-se ao depósito de materiais excedentes da Marinha/Aeronáutica de sua cidade e comprou um tanque de hélio e 45 balões atmosféricos. Esses balões são diferentes daqueles coloridos usados em festas. São muito resistentes e medem mais de um metro de diâmetro depois de totalmente inflados.

Larry voltou a seu quintal e usou tiras para amarrar os balões à sua cadeira, uma espécie de cadeira preguiçosa como essas que usam em varandas de casas. Prendeu a cadeira ao para-choque de seu jipe e inflou os balões com hélio. Em seguida, fez um pacote com sanduíches e refrigerantes e carregou uma arma, imaginando que poderia usá-la para estourar alguns balões quando chegasse o momento de aterrissar.

Depois de tudo pronto, Larry Walters sentou-se na cadeira e cortou o fio que a prendia ao para-choque. Seu plano era flutuar lentamente até retornar à terra firme. Mas as coisas não funcionaram como ele desejava.

Quando cortou o fio, Larry não flutuou lentamente; projetou-se para cima como um tiro de canhão! Também não subiu algumas centenas de metros. Subiu, subiu, até chegar a uma altura de mais de 3.000 metros! Naquela altitude, ele não podia arriscar-se a estourar um dos balões. Temia desiquilibrar a carga e sair voando de verdade! Assim, resolveu ficar ali flutuando no ar durante 14 horas, totalmente sem saber como faria para descer.

Finalmente, Larry desviou-se para as proximidades de um corredor aéreo do Aeroporto Internacional de Los Angeles. Um piloto de uma companhia aérea chamou a torre pelo rádio e informou que acabara de ver um sujeito sentado em uma cadeira preguiçosa a uma altura de mais 3.000 metros, segurando uma arma no colo.

Los Angeles fica às margens do oceano, e você deve saber que, quando a noite cai, os ventos da costa mudam de direção. Quando o céu escureceu, Larry começou a voar em direção ao mar. Naquela altura dos acontecimentos, a Marinha já havia enviado um helicóptero para resgatá-lo. Mas a equipe de salvamento teve grande dificuldade para aproximar-se dele, porque o vento provocado pelas hélices do helicóptero afastava cada vez mais a engenhoca inventada por Larry. Depois de muito esforço, o helicóptero conseguiu pairar sobre ele, e um dos homens desceu uma corda para conduzir Larry de volta à terra.

Assim que pisou em terra firme, Larry foi preso. Enquanto ele estava sendo conduzido à prisão, algemado, um repórter de televisão gritou:

— Sr. Walters, por que o senhor fez isso?

Larry parou, encarou o repórter e respondeu com indiferença:

— Um homem não pode ficar sentado à toa.

Entre não fazer nada e tentar algo assim tão ridículo, há uma grande distância que vale a pena ponderar. Pense nas incontáveis oportunidades de inovar, de melhorar, de empreender, de fazer a diferença, de realizar sonhos e alcançar metas.

O que você fará de diferente para ser um agente de mudanças e não vítima delas?

Devo advertir: Você precisará mudar... e isso não será fácil. Mark Twain estava certo quando disse: "O único ser que gosta de mudança é bebê com fralda molhada".

Para recarregar a bateria:

Um dia, um asno caiu num poço. Quando o dono descobriu o que havia acontecido, ficou enlouquecido e procurou formas de salvar o animal, mas não teve êxito. Lamentavelmente, o dono por fim conclui que, como o asno já estava ficando velho, era melhor desistir de salvá--lo e simplesmente encher o poço. Tinha esperança de que a morte do asno seria mais rápida e indolor.

Então, o fazendeiro chamou os vizinhos para ajudarem na tarefa e, pouco depois, alguns homens começaram a jogar terra dentro do poço.

Quando o asno percebeu o que estava acontecendo, ele zurrou e lutou... Mas depois de um tempo, o barulho cessou.

Após alguns instantes de tristeza, o fazendeiro olhou dentro do poço e lá estava o asno. Vivo e subindo em direção ao topo: O asno descobrira que ao desvencilhar-se da terra em vez de deixar ser enterrado, conseguia manter-se acima dela enquanto ela ia tampando o poço. Então, com facilidade, saiu do poço trotando contente.

Como você deve ter notado, a vida muitas vezes tenta nos soterrar com a rotina e a apatia. O truque é desvencilhar-se e fazer algo para dar mais um passo até atingir o topo.

> "Nunca se deixe silenciar pelo medo. Nunca se permita ficar na posição de vítima. Não deixe que ninguém defina a sua vida, defina-a você mesmo."

— *Harvey S. Firestone (1868 - 1938)*,
empresário americano. Ficou conhecido como o industrial que estabeleceu a companhia de pneus e borrachas Firestone.

Motorista e passageiros

> "Ninguém é livre se não puder dizer, com sentimentos, eu não sou o que aconteceu comigo; sou o que eu escolhi ser. Eu não sou os meus papéis; sou a minha jornada. Eu não sou a minha experiência limitadora; sou o poder criativo do meu potencial."
>
> — *James Hollis,*
> *autor e analista junguiano.*

Em qualquer jornada da vida, temos que tomar decisões antes de colocarmos o pé na estrada. Temos as seguintes opções: sermos passageiro ou motorista. A decisão é nossa.

As pessoas que escolhem ficar na posição de passageiras, sujeitam-se a serem conduzidas pelos motoristas. Passageiros não têm nenhum controle sobre a velocidade com que seguirão em frente, nem podem falar nada sobre quais normas devem ser cumpridas.

Entretanto, ser o passageiro é tentador. Eles ficam sentados, relaxados e inconscientes do destino final. Podem colocar fones de ouvido e escutar música, ou talvez tirar um cochilo. Falar ao celular ou fazer palavras cruzadas. De qualquer modo, raramente prestam atenção ao local onde estão, quem está na frente e atrás, e se estão progredindo. A viagem deles pode até ser agradável, mas aqueles que decidem ser passageiros estão apenas pegando carona.

São os motoristas que assumem a responsabilidade de seguir adiante, em direção aos objetivos. Eles prestam atenção e se concentram em chegar ao destino final. Decidem a que velocidade percorrerão a estrada. Evitam os obstáculos, como buracos e quebra-molas, e ainda podem decidir mudar de rota. Decidem quando parar e reabastecer o carro. Ao longo da jornada, fazem escolhas para garantir a segurança e o êxito da viagem.

A distância entre o passageiro e o motorista, dentro de um carro, é menos de um metro, mas a diferença entre ambos é enorme. O motorista tem opção de avançar em direção ao sucesso. O passageiro vai para onde for levado.

O que você prefere ser: motorista ou passageiro? A decisão está em suas mãos.

Um artigo na revista cristã *Vida Abundante* nos conta sobre o levante irlandês de 1848, no qual homens foram capturados, julgados e condenados por traição contra Sua Majestade, a Rainha Vitória. Todos foram condenados à morte. Protestos veementes vindos de todo mundo persuadiram a rainha a comutar as sentenças de morte. A Rainha, então, trocou a sentença e os revoltosos foram banidos para a Austrália – em lugar tão remoto e cheio de prisioneiros quanto a Sibéria seria anos mais tarde. Os anos se passaram. Em 1874, a rainha Vitória soube que um tal de Sir Charles Duffy, que acabara de ser eleito primeiro-ministro da Austrália, era o mesmo Charles Duffy que tinha sido banido 26 anos antes. Ela quis saber o que acontecera com os outros "bandidos" e descobriu que Patrick Donahue se tornara brigadeiro-general do exército dos Estados Unidos; Morris Lyene fora o procurador-geral da Austrália; Michael Ireland o sucedeu no cargo de procurador; Thomas McGee se tornou ministro da agricultura do Canadá; Terrence McManus tornara-se brigadeiro-general do exército dos Estados Unidos; Thomas Meagher foi eleito governador de Montana; John Mitchell se tornara um proeminente político de Nova Iorque e seu filho, John Purroy Mitchel, tornou-se o mais famoso prefeito da cidade de Nova Iorque; e o último, Richard O'Gorman, tornara-se governador de Newfoundland.

O que nos acontece no decurso de nossas vidas não é nem de perto tão importante quanto o que fazemos com o que nos acontece. A vida às vezes toma rumos inesperados que podem nos atordoar por certo tempo. Podemos ter tido uma infância em um lar desfeito ou com pais alcoólatras. Podemos ter sido considerados a "ovelha negra", aquele que nunca se ajustaria aos outros. Todo mundo pode encontrar razões para justificar não fazer o que deve ser feito. Decida! Quer ser motorista ou passageiro?

Para recarregar a bateria:

Gosto da história dos gêmeos idênticos que compareceram à vigésima reunião de aniversário de conclusão do ensino médio. Um deles era um escritor bem-sucedido. Outro falhou miseravelmente em tudo que tentou. Ao irmão que deu certo, foi perguntado a que ele atribuía ter atingido tanto sucesso e ele prontamente respondeu: "meus pais".

A história ilustra como duas pessoas podem ter tido a mesma formação e mesmo assim interpretar seus efeitos de maneira absolutamente diferentes.

Mas a história não nos conta como os pais trataram os irmãos à medida que cresciam. É possível que eles tenham favorecido o que se deu bem. Eles podem ter percebido seu potencial e lhe dado vantagens que o outro não teve. É também possível que eles tenham favorecido o que não chegou a lugar algum. Os pais podem ter absorvido as consequências dos erros do mais fraco, em vez de permitir que ele aprendesse com eles. Seja lá o que tenha acontecido, como resultado de suas experiências em seu crescimento, um dos gêmeos estava preparado para seguir adiante e explorar todo seu potencial, enquanto que o outro não progrediu e chafurdou em negatividade – uma verdade expressada eloquentemente pelo reverendo Eric Butterworth, teólogo e escritor americano, que disse: "Podemos amargurar-nos ou melhorar-nos com nossas experiências".

Muitas pessoas escolhem ser vítimas porque algum imprevisto aconteceu: algo completamente fora de seu controle. Outros possuem uma capacidade excepcional de lidar com o imprevisto, o incomum e o extraordinário. Lidar de forma positiva com o inesperado, procurando soluções, e não desculpas, é a decisão que você tem que tomar.

Ainda assim, muitas vezes caímos na cilada de nos fazermos de vítimas? É claro. É natural se sentir vitimado de vez em quando, mas continuar na cilada de ser vítima o impedirá de ter sucesso.

Evitar cair na armadilha de se fazer de vítima não é fácil, mas é uma escolha que você precisa fazer. É você quem controla seu próximo passo. Você vai ficar parado, de cara amarrada, ou vai se comprometer a seguir adiante, em direção ao seu maior objetivo?

Depois de optar por se tornar o motorista e lidar de modo proativo com os imprevistos, assuma sua responsabilidade e siga em frente quando coisas injustas lhe acontecerem.

Na vida, nem tudo de ruim que acontece é culpa nossa. Mas quando coisas ruins acontecem – coisas que não merecemos –, o próximo passo é nosso. Não podemos culpar a situação e adotar a postura de vítima. Devemos aceitar os imprevistos, assumir nossas responsabilidades e seguir adiante.

Gosto do que Bernard Shaw disse: "As pessoas sempre culpam as circunstâncias por serem como são. As pessoas que obtêm êxito nesse mundo são as que se erguem, buscam as circunstâncias que desejam e, caso não consigam encontrá-las, as criam".

> ***Cuidado com o fogo*** é um bom conselho que conhecemos. ***Cuidado com as palavras*** é um conselho vinte vezes melhor.

— **William Carleton (1794 - 1869),**
novelista irlandês.

Coloque a **mente** em **ordem** antes de colocar a **boca** em **movimento**

"Os pássaros piam, os cachorros latem, as rãs coaxam, os humanos falam e os mais inteligentes expressam ideias."

— *Ditado popular.*

Boca de sapo, língua de cobra e estômago de urubu. Que bicho feio será esse? E que som emite? Quão horroroso é esse monstro que, sem dúvida, não é tão raro quanto se pensa.

Vamos entender.

O túmulo de Abraham Lincoln foi aberto duas vezes.

A primeira vez ocorreu em 1887, vinte e dois anos após seu assassinato.

Por quê? Você pode se surpreender, mas não foi para saber se ele morreu por causa do tiro disparado por John Wilkers Booth. Então, por quê? Por causa de um boato que estava atravessando o país, um rumor de que seu túmulo estava vazio. Um seleto grupo de testemunhas observou que o rumor era totalmente falso quando viu o caixão ser aberto.

Uma segunda vez, quatorze anos depois, o corpo decomposto do martirizado homem foi visto novamente –

desta vez, por mais testemunhas. Por que de novo? Pelo mesmo horrível motivo! Boatos da mesma natureza voltaram a implantar dúvidas na mente do povo. A pressão atingiu tal proporção, que a mesma grotesca cerimônia teve que ser realizada. Apesar dos fortes protestos de Robert, filho de Abraham Lincoln, o corpo foi exposto. As autoridades sentiam que os boatos deveriam descansar de vez juntamente com o herói daquela nação. Finalmente o corpo foi acomodado em uma cripta em Springfield.

"Que absurdo!", você pode dizer. "Cruel" é uma palavra melhor. Mas boatos, fofocas e especulações são assim. Com uma completa falta de fatos e de uma fonte concreta, a informação é passada adiante, criando desconforto e machucando pessoas. É como um pequeno parasita que se alimenta do apetite doentio de pessoas desprezíveis. Pessoas que encontram satisfação em caminhar em becos mal iluminados, jogando discretas bombas que explodem nas mentes de outras pessoas, começando uma série de rumores. Encontram conforto em ser somente um "inocente" canal de informação incerta, nunca a fonte.

O prato do dia em muitas rodas é a vida alheia. Alguém falou (que coisa triste!) que, com frequência, a sua família, quando está reunida, almoça e janta sempre o mesmo cardápio: falar mal dos outros, como um prato e tempero a mais.

Como é difícil não ficar comentando coisas negativas acerca de pessoas. Deve haver alguma atração doentia para o assunto, pois vira e mexe alguém é mastigado com molho forte de pimenta ardida. E como disse Walter Knight[1]: "Não há maledicentes ociosos. Eles estão sempre ocupados."

Sujeitos com uma boca de sapo, comumente, apreciam o coaxar das suas intrigas. O som desconexo de seu ruído

---
1   Walter Kenrick Knight, 1880 – 1957, pastor anglicano.

berrante é a distração favorita na realimentação da própria deformação moral. Quanto mais degenerados forem os tais indivíduos, mais sujeitos ficarão ao zureta do seu diz-que-diz-que, diz-que-diz-que, diz-que-diz-que...

O veneno da difamação é maligno e triplamente tóxico. Além de desfigurar e matar as vítimas da picada e, ao mesmo tempo, aleijar o próprio agente da toxina, também corrompe e mata o ouvinte.

A linguagem viperina tem sido responsável pela amargura e deformação de muitos lares e pessoas inocentes. Muitos escapam dos destroços letais da peçonha maldita, mas carregam pelo resto da vida as sequelas morais do envenenamento.

A receita da fofoca é uma farofa venenosa de futricas criadas para manter as pessoas de baixa inteligência e desocupadas a serviço da nojenta digestão de seus estômagos de urubu. Não há coisa mais desprezível do que se alimentar de comida putrefata na cocheira da calúnia. A fétida alimentação, servindo de alimento para pessoas desprezíveis, é um grude repugnante que os nobres e inteligentes devem rejeitar com coragem e rispidez.

Os sempre presentes "Ouvi dizer", "Você ficou sabendo?" ou "Dizem por aí" são os alimentos que devem ser evitados.

Shakespeare fez um excelente trabalho retratando a verdade sobre os boatos em Henrique IV:

O rumor é flauta

De conjecturas, ciúmes e suspeitas,

Instrumento tão simples e tão fácil

Que o monstro de cem mil cabeças,

A ondeante multidão, sempre indecisa

Pode tocá-lo. (II Ato, introdução, linha 15)

Com certeza, certas pessoas podem tocar essa flauta! As azedas melodias penetram em muitas chamadas telefônicas, conversas no café da manhã, no almoço ou numa noite preguiçosa com os amigos. A língua é capaz de desenterrar assuntos, expor os esqueletos nos armários e espalhar os mais chocantes e escandalosos boatos, mais do que qualquer outra ferramenta na terra.

Tendo isso em mente, eu entrego quatro sugestões para silenciar aqueles que espalham boatos:

1. Identifique as fontes por nome. Se alguém estiver determinado a compartilhar informações que são danosas, exija que a fonte de tais informações seja declarada.

2. Apoie as evidências sobre fatos: Não aceite boatos. Recuse-se a ouvir algo além da verdade irrestrita. Você sabe, a verdade é raramente incerta ou dissimulada.

3. Pergunte para a pessoa: "Posso falar que foi você quem me contou?" É incrível como os fofoqueiros fogem depois que essa pergunta é feita.

4. Admita abertamente: "Não gosto de ouvir isso". Essa abordagem é para os mais fortes. Ela pode criar um abismo entre você e a pessoa, mas é um modo eficiente de limitar a quantidade de lixo que chega aos seus ouvidos.

Para recarregar a bateria:

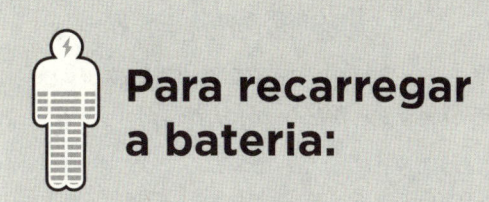

Você já se deu conta da enorme vantagem que os sapos levam sobre os seres humanos? Eles podem comer qualquer inseto que os incomode! Não seria ótimo se pudéssemos devorar nossos problemas ocasionados por boatos, fofocas e maledicência antes de eles nos consumirem? Em uma das cartas que o apóstolo Paulo escreveu para os cristãos de Roma, ele recomenda um conselho prático: "No que depender de vocês, façam todo o possível para viver em paz com todas as pessoas". Gostaria de parafrasear essa recomendação: Faça o melhor que puder para se relacionar bem com todo mundo. E saiba que, de vez em quando, terá de se relacionar com pessoas complicadas que podem estar aquém do ideal. Por exemplo:

O caluniador, fofoqueiro, maledicente ou invejoso é uma pessoa que está sempre em conflito consigo mesma, não consegue a necessária paz para evoluir, para ser proativo, para fazer as coisas certas em benefício de sua própria vida. É alguém que está sempre "alerta", vendo, estudando, observando o que os outros estão falando, o que os outros estão fazendo, o que os outros estão ganhando, o que os outros estão sentindo. Nessa obsessão de "viver a vida alheia", o indivíduo perde a si mesmo e não sabe mais do que é capaz de pensar, realizar ou sentir.

Essas pessoas precisam de ajuda. Aconselhe-as. Faça-as ver que da forma como vivem e veem o mundo, nunca serão felizes.

Mostre-lhes que a dimensão da felicidade e do sucesso está em fazer mais do que os outros esperam que façamos, em sermos "credores" e que no relacionamento humano e social esse comportamento impede o sucesso.

Leve-as a ver seus próprios pontos positivos, suas virtudes e suas possibilidades de vencer pelos próprios méritos. O indivíduo com esse comportamento é uma pessoa doente que não suporta a si mesma, não suporta sua imagem e somente consegue se olhar através do espelho do sucesso alheio.

Vamos ajudá-la!

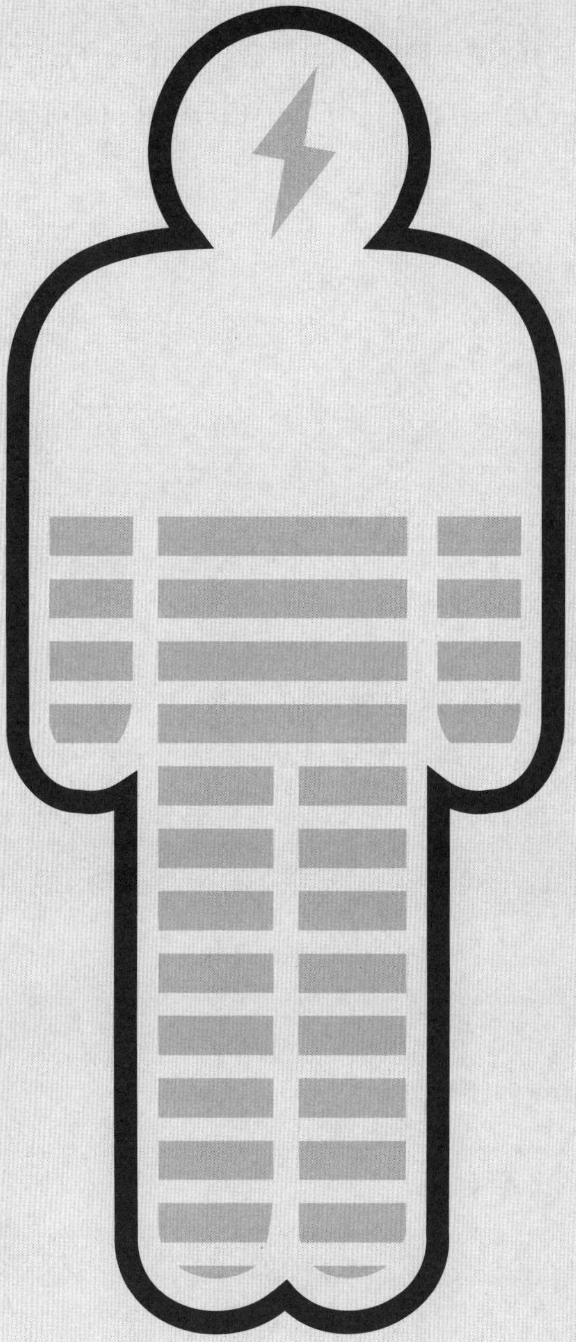

> Não há acaso, destino ou sorte que possa contornar, obstruir ou controlar a firme resolução de uma alma determinada.

— **Ella Wheeler Wilcox (1850 - 1919)**, *escritora e poeta americana. Sua obra mais conhecida foi Poemas de Paixão.*

Como encarar os **desvios**

"... Você não pode fugir de seus problemas – não existe um lugar tão longe assim."

— *Tio Remus,*
personagem criado por Joel Chandler Harris.

A maioria de nós é alérgica a desvios. A placa subitamente aparece e uma sensação peculiar toma conta de nós. Nossa rota tinha sido cuidadosamente planejada. Há pessoas esperando por nós e estamos no horário, quando vemos a placa DESVIO. Pode ser porque tem uma ponte sendo consertada, ou uma estrada sendo reconstruída – não importa. O fato de que nossa jornada tão bem planejada foi interrompida não muda.

Desvios também aparecem enquanto viajamos ao longo da vida. Nossos objetivos estão estabelecidos. Nosso horário está determinado. Tudo já está decidido até que ele nos atropela. A doença chega quando menos temos dinheiro. A empresa fecha suas portas quando mais precisamos de um emprego. Até mesmo em coisas de menor importância, desvios acontecem. A água para justamente quando estamos ensaboados. A bola de futebol está dentro da área quando o telefone toca. Você nunca teve seu pneu furado até que está a caminho de uma entrevista para o trabalho. A lei de Murphy às vezes parece ser a força controladora na vida: se alguma coisa pode dar errado, dará.

Desvios são uma parte normal da vida. No filme *Alguém Lá em Cima Gosta de Mim*, George Burns, fazendo o papel de Deus, tem que responder à pergunta de uma garotinha que quer saber por que coisas ruins acontecem. Burns pensa sobre sua pergunta e diz que é assim que o sistema funciona. Ele pergunta a ela se já tinha visto um baixo sem alto, lado da frente sem o de trás, ou um topo sem fundo. Aí ele explica que não existe um sem o outro. Em uma das belas histórias dos contos afro-americanos, Tio Remus[1], um contador de histórias, narra a fábula da velha raposa sábia que diz ao coelho que ele não pode fugir de seus problemas – não existe um lugar tão longe assim.

A estrada da vida está cheia de desvios. Interrupções estão em todo lugar. Burns estava certo: é assim que o sistema funciona.

Desvios são muitas vezes curtos, ocasionalmente longos; mas se você perseverar, voltará ao curso normal. O fato de que esses obstáculos inesperados aconteçam não significa que a vida acaba aí.

Sou fascinado pelo trabalho que os sopradores de vidro fazem. Os bons sopradores podem trabalhar o dia inteiro sem cometer erros. Quando defeitos aparecem ocasionalmente, eles não jogam o trabalho fora. Mas utilizam o erro para criar uma nova forma. O mesmo acontece com as pessoas que tecem tapetes orientais. Quando ocorre um erro, elas tecem um novo desenho no tapete. Os oleiros também continuam a trabalhar com o barro mesmo que ele não se assemelhe à forma que antes tinham em mente.

---

1 Tio Remus foi uma série de histórias infantis escritas por Joel Chandler Harris, jornalista de ascendência irlandesa, que ouviu esses contos por escravizados quando viveu em uma fazenda em Plantation Turnwold, nos Estados Unidos.

Na vida, defeitos, obstáculos, dificuldades e desvios vêm, mas eles não marcam o fim da estrada. Portanto, não se afunde com pena de si mesmo.

Em primeiro lugar, afundar-se em autocomiseração não impressiona ninguém; em segundo, isso devora tudo em você até roubá-lo de tudo que ainda possui. Todo mundo tem problemas. Você não é o único a cair e achar a vida dura. Sempre há alguém que já enfrentou uma situação parecida ou, às vezes, até pior que a sua.

Há uma engraçada anedota sobre um homem que passou por uma grande inundação, foi uma trágica experiência que ele não conseguia superar. Ele falava sobre aquele infeliz acontecimento constantemente. Quando morreu e foi para o céu, Deus lhe perguntou se existia algo em especial que ele gostaria de fazer. Ele disse a Deus que gostaria de juntar um grupo de pessoas para quem ele pudesse contar sua horrível experiência de ter sobrevivido à inundação da cidade onde viveu. Deus juntou uma multidão de um milhão de pessoas e o homem ficou muito entusiasmado. Quando o homem estava preparado para começar, Deus disse: "Ah, tem uma coisa que acho que gostaria de saber. O irmão Noé se encontra na audiência".

Algumas vezes, pensamos ser os únicos a enfrentar problemas. Com essa visão, temos a tendência de sentirmos pena de nós mesmos e afundamos num mar de lamúrias. Não faça isso; não levará a lugar algum, a não ser à ruína.

A pergunta ainda persiste: Como? Como lidamos com as interrupções que a vida apresenta?

Simples. Veja os desvios como novas e promissoras oportunidades.

Para recarregar a bateria:

Para alguns, os desvios têm lhes dado a beleza mais inesperada de suas jornadas de vida. Das interrupções que aparecem, tiram novas visões e oportunidades.

Num dia frio de inverno, no estado americano de Nova Inglaterra, Nathaniel Hawthorne[2] foi despedido pela companhia em que trabalhava. Sentindo-se muito desencorajado e cansado, ele retornou para casa para contar à sua esposa a triste notícia de sua demissão. A resposta dela o surpreendeu. Ela disse que ele agora teria o tempo que tinha desejado para escrever o livro que sempre quis. Foi o começo de uma nova carreira para ele.

Alguns de nós conhecem a história do grande compositor Georg Friedrich Händel. Nos seus primeiros anos, ele foi rejeitado pelos músicos de sua época. Foi um terrível golpe para ele. Outra onda de problemas veio acompanhando a morte de seu pai, que o deixou lutando para sobreviver. Ele continuou a escrever música, mas ninguém se interessava em publicar sua obra. Ele então se mudou da Alemanha para a Inglaterra, na esperança de dias melhores, mas a falência acabou com seus sonhos. Na total ausência de amigos ou companheiros, ele abriu seu coração para Deus e pediu pelo cuidado sobre o qual ele tinha

---

2   Nathaniel Hawthorne (1804 – 1864) foi um escritor americano, considerado o primeiro grande escritor dos Estados Unidos e o maior contista de seu país.

lido na Bíblia. Muitos de nós falamos com Deus através de palavras, mas Händel, naquele momento de absoluto desespero, apelou a Deus através de sua música. Foram suas súplicas agonizantes que produziram o Messias, com o qual o mundo hoje se deleita. Ninguém pode duvidar de que Deus ouviu suas preces e as respondeu gloriosamente. A obra "O Messias" tem 51 movimentos divididos em 3 partes, durando entre cerca de 2h 15min e 2h 30min.

Embora o 42º movimento (o célebre "Aleluia") seja reconhecível por qualquer pessoa (mesmo não sabendo a que obra pertence ou que compositor a escreveu), "O Messias" não é tão conhecida na sua totalidade como merecia, mas é magistral e foi concebida em um momento de dor e dificuldade.

Se o momento é de interrupções, obstáculos ou desvios, leia as palavras deixadas por Ella Wheeler Wilcox, escritora e poeta americano:

*Eu não duvidarei, apesar de meus barcos do mar
Voltarem vagando com mastros e velas quebrados;
Eu confiarei na Mão que nunca falha,
De transformar mal aparente em bem;
E, ainda que lamente por minhas velas destruídas,
Ainda direi, enquanto minhas esperanças se despedaçam,
"Eu confio Nele".*

> "As únicas pessoas verdadeiramente felizes que eu já conheci são aquelas que encontram uma causa maior do que elas mesmas para viver."

— ***William James[1] (1842 - 1910)***,
psicólogo americano.

---

1 Foi um dos fundadores da psicologia moderna e importante filósofo ligado ao pragmatismo; formado como médico. Ele escreveu diversos livros conceituados sobre a então jovem ciência da psicologia, sendo um dos formuladores da psicologia funcional e conhecido como "O pai da Psicologia Americana".

Compartilhe

"Se alguém quer extrair mais da vida, tem que dar mais para a vida."
— *John Marks Templeton (1912 - 2008),*
investidor e filantropo americano.

Ernest Gordon geme na cela dos condenados à morte. Gordon era prisioneiro de guerra em Chungkai, em Burma. Ele ouve os lamentos dos que estão agonizando e sente o mau cheiro dos mortos. O calor impiedoso da selva queima sua pele e seca sua garganta. Se ele tivesse força, poderia envolver sua coxa esquelética com uma mão. Mas ele não tem energia nem interesse. A difteria levou ambas as coisas; ele não pode andar, nem consegue sentir o corpo. Divide um beliche com moscas e percevejos e espera uma morte solitária neste campo para prisioneiros do exército japonês, localizado a 129 quilômetros a nordeste de Bangkok.

Como a guerra foi dura com ele! Alistou-se para a 2ª Guerra Mundial com seus vinte e poucos anos, um robusto escocês das regiões montanhosas, trajando as cores típicas da brigada Sutherland. Mas então vieram a captura pelos japoneses, meses de trabalho pesado na selva, surras diárias e a morte lenta provocada pela fome. A Escócia parece distante para sempre. A civilidade, ainda mais.

Os soldados das Forças Aliadas comportam-se como bárbaros, furtando uns dos outros, roubando de colegas que estão quase morrendo, lutando por restos de comida. Os encarregados da cozinha racionam os alimentos para que tenham mais para eles mesmos. A lei da selva tornouse a lei do campo.

Gordon está feliz em dar adeus. Morrer por estar doente é algo que supera a vida em Chungkai. Mas então algo maravilhoso acontece. Dois novos prisioneiros, ainda animados pela esperança, são transferidos para o campo. Embora também estejam doentes e fracos, eles atentam para um código superior. Compartilham suas refeições escassas e voluntariam-se para trabalhos extras. Limpam as úlceras de Gordon e massageiam-lhe as pernas atrofiadas. Dão nele o primeiro banho em seis semanas. A força de Gordon aos poucos volta e, com ela, sua dignidade.

A bondade desses homens passa a ser contagiante, e Gordon contrai essa doença. Ele começa a tratar dos doentes e a dividir suas porções de comida. Ele abre mão do pouco que tem. Outros soldados fazem o mesmo. Com o passar do tempo, o clima do campo acalma-se e clareia. A renúncia toma o lugar do egoísmo. Soldados realizam cultos de adoração e leem a bíblia.

Vinte anos depois, quando Gordon passou a servir como capelão da Universidade de Princeton, ele descreveu a transformação com as seguintes palavras:

"A morte ainda estava com a gente – sem sombra de dúvida. Mas fomos, aos poucos, sendo libertados de suas garras destrutivas... Egoísmo, ódio e orgulho eram sentimentos contrários à vida. Amor... abnegação... e fé, por outro lado, eram a essência da vida... dádivas de Deus para homens... 'A última palavra não mais era morte em Chungkai'."

Egoísmo, ódio e orgulho – você não precisa ir a um campo de prisioneiros de guerra para encontrá-los. Uma república de estudantes é um bom exemplo. Assim como a sala de reunião da diretoria de uma empresa ou o quarto de um casal ou um local afastado de um município. O código da selva está vivo e presente. Cada um por si. Agarre o que puder e guarde tudo o que agarrar. É a sobrevivência dos mais aptos.

O código contamina seu mundo? Os pronomes possessivos pessoais dominam a linguagem de seu círculo social? Minha carreira, meus sonhos, minhas coisas. Quero que as coisas sejam do meu jeito no meu tempo. Se isso acontece, você sabe como o egoísmo pode ser cruel. Contudo, de vez em quando, um diamante brilha no meio da lama. Um camarada reparte coisas, um soldado se preocupa ou um indivíduo como você decide salvar o dia, compartilhando algo e fazendo diferença positiva na vida de alguém.

Para recarregar a bateria:

O Mar Morto é uma das massas de água mais fascinantes do planeta. Devido à elevada concentração de minerais, até mesmo uma pessoa que não saiba nadar consegue permanecer à tona. Um ser humano, na verdade, pode efetivamente sentar-se na água e ler um jornal sem afundar. No entanto, as excursões à área interromperam há muito tempo os banhos dos turistas céticos ou audaciosos. O problema é que quando a pessoa sai da água, ninguém quer sentar perto dela! A água tem um fedor horrível.

O Mar Morto é alimentado pelo rio Jordão de Israel e não tem escoadouro. Toda a água que flui para ele fica estagnada. Embora seja interessante observar o local e fascinante estudá-lo, a água não pode ser bebida, é poluída e pútrida.

Essa é uma boa imagem da pessoa que vive de uma forma egoísta, que toma em vez de dar. O Criador não nos fez para ser um reservatório que só faz recolher. Ele nos criou para ser um rio em constante movimento. Quando vivemos de um modo egoísta, sempre recebendo, sempre tomando sem nunca dar nada, ficamos estagnados e poluídos. Falando diretamente, a nossa vida começa a feder. Assumimos uma atitude amarga; não é divertido ficar do nosso lado, pois estamos irritados e mal-humorados. E tudo isso porque nada emana de nós. Deus, a Vida e o Universo querem acrescentar coisas boas à sua vida, mas se você quiser viver o melhor possível agora, precisa aprender a deixar que essas coisas boas fluam através de você em direção aos outros. À medida que fizer isso, o seu suprimento será reposto e a sua vida permanecerá viçosa.

Pare de só acumular e comece a compartilhar com os outros. Compartilhe seu tempo, sua energia, seu conhecimento, suas amizades, seu amor e seus recursos. Se a vida lhe deu alegria, divida-a com outra pessoa. Faça alguém feliz; levante o ânimo de outra pessoa; seja um amigo para alguém. Comece a compartilhar. Não se permita ficar estagnado. Você precisa manter o seu rio em movimento. É assim que pode verdadeiramente prosperar na vida e ser feliz.

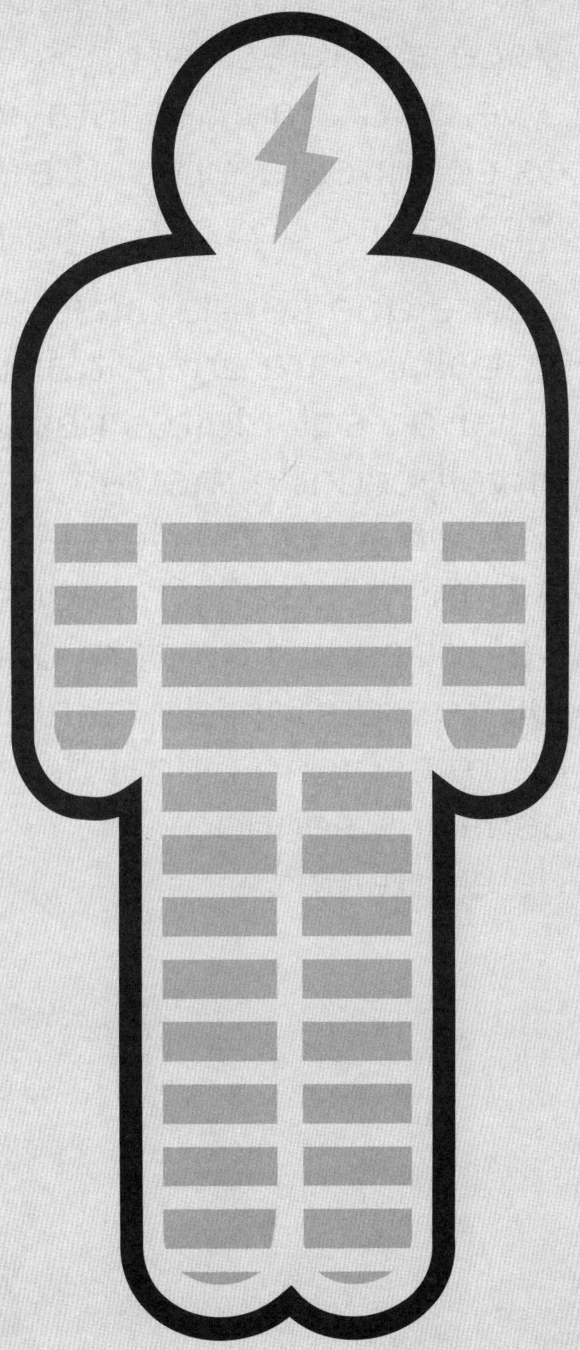

> "A vida é como um palco. Você afasta as cortinas e vê os dramas, as lutas, os conflitos e a procura incessante dos seres humanos.
>
> Gente que sonha, anseia e trabalha para encontrar um lugar ao sol. Muitos nascem, envelhecem e morrem sem chegar ao porto desejado. Alguns não sabem sequer de onde vêm ou para onde vão. Outros, depois de caminhar entre espinhos, finalmente acham o sentido da existência."

— *Daniel C. Luz.*

Destino
desconhecido

"Ensina-nos a contar os nossos dias para que o nosso coração alcance sabedoria."

— *Livro de Salmos 90.12.*

Muitas pessoas vivem sem um plano para suas vidas. Elas vivem seu dia a dia sem uma visão clara do dia seguinte, dos próximos dias, meses e anos. Elas não têm uma ideia de seu destino.

Isto me faz lembrar a história que li sobre Albert Einstein.

Albert Einstein, o grande pensador, estava em um trem para a cidade de Nova Iorque. Quando o inspetor de ticket caminhava nos corredores do vagão, Einstein procurava freneticamente em seus bolsos e em sua carteira o ticket, mas não pôde encontrá-lo.

Quando interpelado pelo inspetor de passagens sobre seu ticket, ele buscou novamente em todos os bolsos, revirou o casaco, procurou em cada divisão da carteira e nada.

O inspetor compreensivo disse: "*Não se preocupe, Sr. Einstein, nós todos conhecemos o senhor. Esqueça o ticket*". Cerca de vinte minutos mais tarde, o inspetor passava novamente no corredor e surpreendeu-se com Einstein ajoelhado no assoalho procurando nervosamente seu ticket em todos os lugares.

O inspetor tentou acalmá-lo novamente dizendo: "*Eu já disse, Sr. Einstein, não se preocupe com o seu ticket. Nós con-*

fiamos no senhor, sabemos que o senhor comprou o ticket e isto é suficiente para nós".

Einstein olhou para o inspetor e disse: *"Jovem, não importa a confiança, mas a direção. Eu preciso encontrar o ticket porque esqueci para onde estou indo".*

Você tem um claro senso de direção para onde quer ir na vida?

Você está no comando, está indo na direção desse destino? Ou está simplesmente indo?

Se a vida viesse com GPS, nunca pegaríamos a estrada errada, nem perderíamos a trilha certa.

A decisão de onde chegar ou, visto com um conceito mais amplo, a de decidir com certa desenvoltura para onde dirigir-se, significa concretizar nosso talento e rentabilizar nossa energia.

Ir dando passos sem saber para onde eles conduzirão supõe abrir excessivas oportunidades ao fracasso pessoal, porque muitas vezes podemos acabar no meio de paisagens que não nos interessam e nas quais não sabemos exatamente o que estamos fazendo. E o tempo passado nunca pode ser repetido.

A todos chega a época das grandes perguntas pessoais, aquelas que nos fazemos para decidir o que vamos fazer com nós mesmos. Neste momento, entramos nessa fase transcendente de buscar os desejos, os interesses, os conhecimentos e as experiências, os passatempos, as vocações, as paixões, os companheiros, os amigos e padrinhos, os ambientes que nos ajudarão e os que podem nos desviar. É preciso entrar em um processo de sublime introversão, de voar entre os desejos atentos a que nossa pista de decolagem e nossa própria energia nos servirão para nos levantar. E decidir, inclusive deixando-se ir, mas sabendo aonde queremos chegar; sendo conscientes de que até a vida biológica nos situe em um ponto de voo sem possibilidade de retorno, sempre teremos a possibilidade de mudar de rumo e de destino.

Coloque-se na perspectiva de uma lente de telescópio durante alguns minutos. Aproxime-se o suficiente para ver o verdadeiro "Você". Examine atentamente sua vida pelo reflexo em seu espelho mental. Tente ao máximo investigar o "Você" interior, levando em consideração a passagem do tempo.

Como é natural, a única maneira de fazer isso é olhar em duas direções: para trás e para frente. Constantemente, o que vemos em nosso passado e visualizamos em nosso futuro determina como nos vemos hoje, nessa terceira dimensão que chamamos de "presente".

Ao retrocedermos, um pensamento principal sobrepõe-se a todos os outros. Não é novo nem muito profundo, mas é verdadeiro: *A vida é curta!*

Quando avançamos, vemos novamente uma mensagem importante. Ela não é nova nem profunda, mas com certeza é verdadeira: *A vida é incerta*. Um único adjetivo poderia preceder quase todos os acontecimentos em nosso futuro: "inesperado". Cirurgia, transferência, realização, perda, benefício, doença, promoção, morte, fatos inesperados. A vida é de fato incerta.

Uma vez que a vida é tão breve e incerta, como devemos considerar nosso presente?

Lembro-me de cinco palavras que descrevem adequada e precisamente o dia de hoje. Elas não contradizem a lição que aprendemos do tempo, nem requerem óculos cor-de-rosa. Pois, ao olharmos o presente, descobrimos: *A vida é um desafio.*

Para recarregar a bateria:

No início do filme Gladiador, o personagem Maximus, interpretado por Russell Crowe, é um famoso general romano que tem o respeito tanto de suas tropas como do próprio César. Ele ocupa um papel específico, de muito poder, dentro de uma estrutura hierárquica. No entanto, após algumas cenas, é forçado a tomar uma posição em relação àquilo em que acredita, e seu mundo vira de pernas para o ar.

Traído por um homem que ele considera um irmão, sentenciado a uma morte injusta e testemunha do assassinato brutal de sua família, ele passa a ter um novo objetivo: vingança! Não originada do rancor ou ciúme, mas nascida de um desejo de justiça.

Conforme parte em busca de seu novo objetivo, Maximus mostra que é guiado por princípios bem claros. Ele se recusa a matar um homem a sangue-frio apenas para agradar o povo, reagrupa os escravos para o benefício de todos e mantém-se fiel aos que ajudaram. Por fim, sacrifica-se pelo bem do povo romano, morrendo em uma batalha contra a tirania e a injustiça.

Ah, se o roteiro da vida fosse tão claro...

O filme Gladiador mostra, em duas horas, como a vida pode ser simples se conseguirmos responder a três perguntas-chave: Qual é meu objetivo? Em que eu acredito? Como posso ir além de meu "eu"?

Em meio à intensa dinâmica do dia a dia, o tempo nos escorre por entre os dedos e deixamos de praticar um dos mais importantes exercícios na vida: definir sonhos e planejar as estratégias que nos levem até eles.

Estabeleça uma meta, garanto que ajuda extraordinariamente escrevê-la. Fazer um plano para três, quatro ou no máximo cinco anos, definindo o que se quer alcançar e o que se acredita que é possível fazer no transcurso desse tempo para ir conseguindo cumprir o plano. Não é o diário íntimo em que alguns descrevem seu passado; é o mapa de nosso futuro desejado e suas possíveis estradas. Quanto menos palavras, mais objetividade, consistência e menos dúvidas. E o que é determinante: abrir o plano no mínimo a cada três meses e reencontrar-se consigo mesmo em um processo de análise e meditação, para avaliar como está traçando sua rota e que possíveis melhoras, mudanças ou retificações terá que fazer.

O simples fato de fazer isso nem sempre significa que você chegará, mas que se desviará menos.

> O fracasso é realmente uma questão de presunção. As pessoas não trabalham duro porque, em sua presunção, imaginam que obterão sucesso sem fazer esforço.
>
> A maioria das pessoas acredita que acordarão um dia e se verão ricas. Na verdade, isso está metade certo, porque eventualmente elas acordam.
>
> Cada um de nós precisa fazer uma escolha. Vamos dormir a vida toda, evitando o fracasso a todo custo? Ou vamos acordar e perceber isto: o fracasso é simplesmente um preço que pagamos para obtermos sucesso.

— *Thomas Alva Edison (1847 – 1931),*
inventor e empresário americano.

Mas...

"Se você não gosta de alguma coisa, mude-a. Se você não pode mudá-la, mude sua atitude. Não reclame."

— **Maya Angelou (1928 - 2014)**,
poeta, escritora e ativistas de direitos civis.[1]

Eu tinha um sonho... Fiz planos... Mas... O destino, as circunstâncias, Deus...

Estou pensando em algumas pessoas que disseram as mesmas palavras e Willem foi uma delas.

Willem queria pregar. Aos 25 anos, ele já havia vivido o suficiente para saber que sua vida era para o sacerdócio. Vendia obras de arte, ensinava línguas, negociava livros; conseguia ganhar a vida, mas não era uma vida. Sua vida era na igreja. Sua paixão estava voltada para as pessoas.

Assim, sua paixão o levou para as áreas carboníferas do sul da Bélgica. Lá, na primavera de 1879, esse holandês começou a ministrar para os mineiros simples e trabalhadores da pobre região de Borinage. Em questão de semanas, sua paixão foi testada. Um desastre na exploração das minas feriu inúmeros aldeões. Willem trabalhou o dia todo cuidando de feridos e alimentando os famintos. Ele até escavou as paredes das jazidas para ajudar seu povo.

Depois que o entulho foi limpo e os mortos enterrados, o jovem pregador ganhou lugar no coração deles. A igrejinha encheu-se de pessoas famintas de suas mensagens de amor. O jovem Willem estava fazendo o que sempre sonhou.

---

1 Pseudônimo de Marguerite Ann Johnson.

Mas...

Certo dia seu superior veio visitá-lo. O estilo de vida de Willem o deixou chocado. O jovem pregador usava um velho casaco de soldado. Suas calças eram feitas de tecido de saco e ele vivia em uma cabana simples. Willem dava seu salário às pessoas. O oficial da igreja estava indiferente.

– Você parece mais patético que as pessoas a quem veio ensinar – ele disse.

O oficial não concordava com nada, essa não era a aparência adequada de um ministro religioso. Ele afastou Willem do ministério.

O jovem ficou arrasado.

Ele só queria ajudar. Ele só queria fazer algo bom. Por que o destino, as circunstâncias ou Deus não o deixavam realizar seu sonho?

O que você faz com os momentos da vida em que os "mas" aparecem?

Sua carreira ia muito bem... Mas...

A vida familiar estava perfeita... Mas...

Os negócios estavam prosperando... Mas...

Eles estavam apaixonados, cheios de planos... Mas...

Estava em plena forma física... Mas...

E Willem? Essa é outra história. A princípio, ficou magoado e irado. Permaneceu na pequena vila durante semanas, sem saber para onde se voltar. Mas então aconteceu a coisa mais estranha. Certa tarde, ele percebeu um velho mineiro curvado atrás de uma enorme carga de carvão. Surpreso com a dor e a pungência do momento, Willem colocou a mão no bolso à procura de um pedaço de papel e começou a esboçar a figura cansada. Sua primeira tentativa foi grosseira, mas depois ele tentou novamente. Ele não sabia; os aldeões não sabiam; o mundo não sabia; mas Willem, naquele momento, descobriu seu verdadeiro chamado.

Não era o hábito do clero, mas a roupa de um artista.

Não era o púlpito de pastor, mas a palheta de um pintor.

Não era o ministério de palavras, mas o de imagens. O jovem homem que o líder religioso não aceitou tornou-se um artista a quem o mundo não pôde resistir: Vincent Willem van Gogh.

Seu "mas..." tornou-se um "no entanto...".

Quem dirá que com o seu "mas..." não ocorrerá o mesmo?

Então aproveite o dia, transforme seu "mas..." em "no entanto, Deus tem algo melhor para mim". Sua grande hora chegou.

Para recarregar a bateria:

É comum que algo percebido como um fracasso ou revés acabe nos proporcionando uma oportunidade de levar nossas vidas a uma direção nova e plena de realizações. Semelhante ao caso de Willem – Vincent Willem van Gogh –, aconteceu com James Whistler[2]. Esperava-se

---
2   James Abbott McNeill Whistler (10 de julho de 1834 – 17 de julho de 1903).

que o grande retratista seguisse a carreira militar do pai. Mas... depois de ser reprovado numa prova de química em West Point, ele foi dispensado da academia em 1854 por uma "deficiência em química". Trabalhou rapidamente para a Winans Locomotive Works, em Baltimore, mas não conseguiu resistir à paixão por viajar e pintar. Se não fosse por sua capacidade de transformar as adversidades em oportunidades, talvez ele nunca tivesse criado o seu quadro mais famoso, **O Retrato da Mãe do Artista**, mais conhecido como **A Mãe de Whistler**. Quando a modelo que ele tinha contratado ficou doente e não pôde posar, Whistler pediu à mãe que posasse para o quadro, que ele pintou no verso de uma tela velha. Apesar do fato de ela ter tido que ficar sentada devido à sua fragilidade, Whistler conseguiu capturar seu forte caráter protestante por meio da pose e da expressão sóbria. Esse se tornou o seu quadro mais famoso e essa imagem icônica continua a inspirar artistas, cartunistas e cineastas e já foi tema de três capas da revista New Yorker.

Moral da História: **Não espere condições perfeitas para o sucesso acontecer; vá em frente e faça alguma coisa.** E não aceite o fracasso – de que maneira você pode transformar um revés, um "mas...", numa oportunidade?

Eu vejo muita gente culpar algum fator externo por sua situação atual e por falta de realização. Culpam pais, professores, chefes, colegas ou cônjuges pelas mudanças inesperadas da vida. Mas culpar os outros não resolve nada. Ao contrário, só gera medo e melancolia. Destrói a criatividade e ergue paredes que afastam os outros e mantêm recursos fora da vista. Talvez o que você veja como obstáculo seja a sutil maneira de Deus redirecioná-lo para um futuro mais compensador.

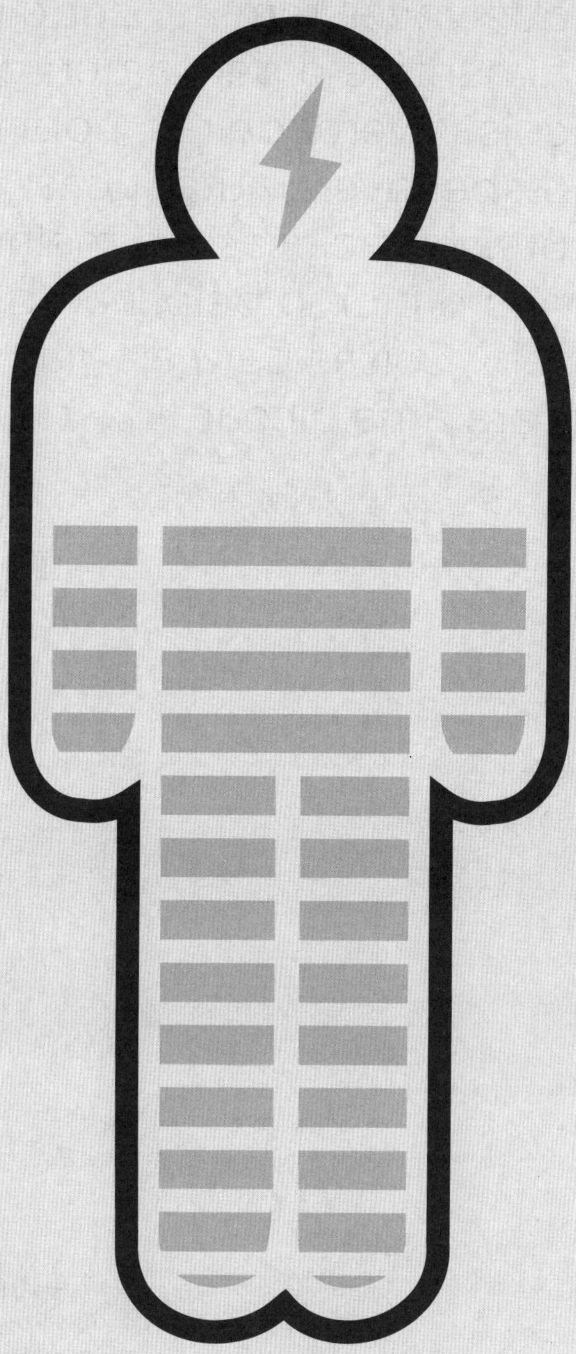

> "... resumindo, amigos, o melhor que vocês têm a fazer é encher a mente e o pensamento com coisas verdadeiras, nobres, respeitáveis, autênticas, úteis, graciosas – o melhor, não o pior; o belo, não o feio. Coisas para elogiar, não para amaldiçoar."

— ***Apóstolo Paulo***[1],
*em carta aos cristãos da cidade de Filipos,
quando estava preso em Roma.*

---

1 Registrado no Novo Testamento em Filipenses c4. v8.

Esvazie-se!

Aguas passadas...
A vida... é somente o dia de hoje!
O passado já não existe.

Tudo o que passou, passou. O matuto diz em sua sabedoria simplória: "Água que passou não toca mais moinho".

Infelizmente, muitas pessoas vão buscar água podre e estragam o moinho de hoje. Outras pessoas desenterram defuntos, acontecimentos desagradáveis do passado e provocam um mal-estar em todo ambiente.

O passado desagradável não deve ser vivido. Viva Feliz Hoje!

— *Daniel C. Luz.*

Não é difícil perceber que se está com excesso de bagagem quando viajamos de avião. A questão é que você é impedido de embarcar malas demais. Você até pode despachar as malas extras, mas terá de pagar pelo excesso.

Muitos de nós estamos em viagem com excesso de bagagem, e isso nos tem custado muito. Também está roubando a alegria, a felicidade de sermos produtivos e de alcançarmos nosso potencial.

Nesta longa viagem, você está por conta própria. Ela se chama vida. Você chegou a ela sozinho, você irá embora sozinho e, entre estes momentos – mesmo que você esteja rodeado de pessoas –, você está existencialmente sozinho.

Nossa bagagem fica excessiva porque colocamos nela diversos itens. Alguns de nós a enchem com feridas do passado que carregamos – talvez um incidente embaraçoso da adolescência que impede que vivamos a vida em sua plenitude. Pode ser algum abuso cometido por um parente próximo. Quem sabe é a dor de um relacionamento que acabou ou um amigo que traiu sua confiança.

Os detritos mentais que você insiste em carregar na sua viagem são tão irritantes e prejudiciais quanto os obstáculos e desvios que retardam uma caminhada ou tão inconveniente como transportar uma mala abarrotada, excessivamente pesada, com os rodilhos emperrados.

É possível que você esteja carregando muito peso e muito provavelmente nem o reconhece. Existe um colega de trabalho cuja presença lhe faz sentir desgosto e aflição? Você às vezes reage intempestivamente com um parente? Você se irrita com as coisas mais corriqueiras do seu dia a dia? Há pessoas que o irritam, situações sociais que o deixam ansioso e tarefas que o matam de tédio?

Se você respondeu "sim" a qualquer dessas perguntas, você está oprimido pelo peso de sua carga.

Experiências traumáticas acumulam-se como pedras em nossa mochila interna desde a tenra infância.

Acumulamos nossas pedras, grandes e pequenas, ao longo da estrada das nossas vidas e, no final, pode ser que fiquemos cada vez mais arqueados, em consequência de nossa mochila cada vez mais pesada. Muitas experiências e sentimentos se escondem naquelas pedras que reprimimos, lançando um véu de esquecimento sobre elas, a fim de evitar a dor. No entanto, as cargas ainda estão lá, prontas para serem disparadas em uma súbita explosão de emoções, talvez ativadas por algo que ocorra aqui e agora e não tenha nada a ver com o que aconteceu lá naquela época.

Na linguagem terapêutica, são conhecidas como "questões não resolvidas". Devemos encontrá-las, tirá-las da mochila e lança-las à margem da estrada, para que possamos aliviar nossos passos na jornada de nossas vidas. Esvaziar-se do peso desnecessário, resolver tudo e livrar-se do ressentimento libera a nossa alma.

Observe um bebê balbuciando alegremente e bebendo o leite de sua mamadeira. Tire a mamadeira dele. Ele faz uma careta e grita. Ele fica vermelho. Sem sombra de dúvida, ele está muito bravo. Agora, devolva-lhe a mamadeira. Em segundos, ele está de volta ao estado de contentamento e felicidade enquanto a esvazia.

Bebês sabem passar por cima das coisas. Quando estão bravos, estão bravos. Quando estão tristes, estão tristes.

Quando terminam de brincar com um brinquedo, deixam-no de lado. Eles não carregam nada por aí. Cada coisa que lhes acontece é algo novo a ser vivido naquele momento.

Seu problema é que você carrega coisas por aí. Com o tempo, o acúmulo torna-se muito difícil de carregar. Jogue-as fora.

Para recarregar a bateria:

Antes de começar a receber ideias, coisas e pessoas novas em sua vida, é essencial que você abra espaço para elas. E isso significa jogar fora tudo o que você não usa mais, não precisa ou não gosta. Se estivesse redecorando sua casa, removeria todas as coisas velhas, antes de arrumar os móveis novos em seus lugares. É a mesma coisa com sua vida. Atravancamento, tanto físico como emocional, toma espaço e bloqueia o caminho, impedindo coisas novas de entrar. Assim, seja implacável no que diz respeito a livrar-se daquilo que já não lhe serve mais. É importante limpar tudo. Talvez essa ideia o assuste, mas depois que tudo estiver em ordem, você sentirá um enorme alívio.

Nós costumamos guardar coisas. Fotos favoritas, artigos interessantes... todos nós guardamos alguma coisa. Homer e Lingley Collyer, dois irmãos excêntricos de Nova Iorque, guardavam muitas coisas. Tudo. Jornais, cartas, roupas — tudo que você pensar, eles guardavam.

Nascidos no final do século XIX, filhos de um influente casal de Manhattan, os irmãos viviam em uma luxuosa casa de três andares na Quinta Avenida com a rua 128. Homer tornou-se engenheiro, e Langley, advogado. Tudo parecia bem na família Collyer.

Mas, em 1909, os pais se separaram. Os meninos, na época por volta dos 20 anos de idade, permaneceram na casa com a mãe. A criminalidade aumentou. A vizinhança se deteriorou. Homer e Langley se isolaram do mundo, enclausurando-se na mansão herdada.

Eles passaram despercebidos por quase quarenta anos. Até que, em 1947, alguém relatou a suspeita de um corpo no endereço deles. Foram precisos sete policiais para arrombar a porta. A entrada estava bloqueada por uma pilha de jornais, camas dobráveis, metade de uma máquina de costura, cadeiras velhas, parte de uma prensa de espremer uvas e outras quinquilharias. Após diversas horas cavando, os policiais encontraram o corpo de Homer, sentado no chão, com a cabeça entre os joelhos e seu longo cabelo branco na altura dos ombros.

Mas onde estava Langley? Essa pergunta foi uma das mais intrigantes na história da investigação de Manhattan. Quinze dias de buscas produziram 103 toneladas de lixo. Lamparinas a gás, um cavalete de marceneiro, o chassi de um carro velho, um piano Steinway, o osso de um maxilar de cavalo e, finalmente, o irmão que estava faltando. As coisas que ele juntou despencaram e o mataram.

Estranho! Quem quer viver com as tralhas de ontem? Quem quer guardar o lixo do passado? Você não quer, não é mesmo? Ou quer?

Certamente, não em sua casa; mas e quanto a seu coração? Não pilhas de papel e caixas, mas os vestígios de raiva e sofrimento. Você guarda dor? Acumula ofensas? Arquiva indiferença?

Um passeio por seu coração pode ser revelador. Um monte de rejeições empilhadas em um canto. Insultos acumulados preenchendo outro. Imagens de pessoas indelicadas ocupam a parede toda, deixando sujo o chão.

Você deve se livrar das tranqueiras.

> Comece com uma compreensão clara da sua trajetória e de seu objetivo final.

— *Stephen Covey (1932 - 2012),*
escritor americano.

Encontrando o **rumo**

"Quem não sabe o que busca, não identifica o que acha"

— **Immanuel Kant (1724 - 1804),**
filósofo prussiano, geralmente considerado como o último grande filósofo dos princípios da era moderna.

Se você quiser fazer com que um empreendimento [ou viagem] tenha sucesso, deve saber claramente para onde está indo. Assim diz o autor do *best-seller, Os Sete Hábitos das Pessoas Altamente Eficazes,* Stephen Covey.

Não saber para onde estão indo é o problema de muitas pessoas. Passeiam no carrossel da vida: Movem-se e trocam de cavalos, mas não vão para lugar algum.

Earl Nightingale, outro conhecido escritor de temas de desenvolvimento pessoal, acredita que essa é a única razão pela qual o estabelecimento de objetivos é tão importante. Ele diz: "As pessoas com objetivos têm sucesso porque sabem para onde vão".

Covey refere-se a essa tendência de muitas pessoas se orientarem por objetivos como o *Hábito de sucesso número 2.* Ele diz: "Comece com o fim em mente". Trata-se da estratégia de nunca começar nada sem determinar antes o resultado final pretendido. Quando alguém adota esse modo de pensar, ele ou ela percebe a importância de se fazer tanto o começo quanto o final das coisas memoráveis e significativas.

No conto de fadas João e Maria, os dois personagens, preocupados em não se perder na floresta, deixam uma trilha de migalhas de pão pelo caminho, para depois conseguirem voltar para casa. Os animais, no entanto, comem as migalhas e eles se perdem, sem encontrar a trilha.

Hoje, João e Maria jamais entrariam assim naquela floresta: iriam dirigir um utilitário com sistema de navegação, para não se perderem de jeito nenhum.

Você é tão agradecido quanto eu pelo fato de alguns automóveis e aparelhos de telefones móveis virem equipados com GPS – *Global Positioning System*, ou Sistema de Posicionamento Global? Talvez seja porque fui fã incondicional de *Guerra nas Estrelas*. O caso é que aprecio o brilhantismo do conceito e amo a conveniência. A partir de algum ponto no espaço, satélites direcionam um sinal para esse pequeno aparelho que informa onde estou e o caminho para se chegar ao destino. Talvez você já tenha experimentado digitar seu destino nesse navegador eletrônico e rapidamente encontrado o melhor caminho, evitando até o transito.

Se a vida viesse com um sistema GPS... nunca pegaríamos a estrada errada, nem perderíamos a trilha certa.

Seria bem interessante se encontrássemos nosso caminho na vida assim tão facilmente. Não seria incrível se pudéssemos apenas informar nosso navegador e seguir a voz saindo de nosso painel interno, com instruções verbais detalhadas em um mapa eletrônico?

Mas como a vida não vem com GPS... Precisamos desenvolver um profundo senso de direção e fazer planos para "chegar lá".

Para recarregar a bateria:

Habitue-se a pensar em um objetivo final definido como parte regular do planejamento e da execução das suas atividades. Sua vida assumirá uma nova dimensão de poder e direção.

Reflita sobre o que o grande sábio e monarca hebreu, Salomão, registrou em Eclesiastes[1]:

"Melhor é o fim das coisas do que o princípio delas."

Sempre me preocupei com essa ideia. Em tudo que realizo, esforço-me para ter um começo e fins bons — seja fazendo uma palestra, tomando uma refeição, saindo com a família ou mesmo seguindo minha rotina diária. Como resultado, minha vida tem mais significado e as coisas que eu faço têm maior impacto, criando uma impressão duradoura.

Comece seu dia com um fim em mente!

---

1 O livro de Eclesiastes faz parte dos livros poéticos e sapienciais do Antigo Testamento da Bíblia cristã e judaica, vem depois do livro dos Provérbios e antes de Cântico dos Cânticos. A frase está registrada no capítulo 7 e versículo 8.

> Quando um homem enxerga através de uma lágrima em seus olhos, essa é a lente que abre horizontes para o desconhecido e revela mundos que nenhum telescópio consegue.

— **Henry Ward Beecher (1813 - 1887),**
teólogo americano.

Furacões e **tempestades**

"Nenhum homem ganhou a vida em meio à calmaria absoluta."

— *John Neal (1793 - 1876),*
autor e crítico de arte e literário.

Os corais que se desenvolvem em enseadas abrigadas tornam-se malcheirosos e inúteis. Já os que são constantemente batidos e quebrados pelas ondas transformam-se em rocha viva, constituindo a base dos continentes. As facilidades nunca produziram nada grandioso.

Aqueles que têm de enfrentar circunstâncias adversas, como invernos rigorosos e fortes tempestades, que têm de trabalhar em pedreiras ou arrancar do solo seco sua subsistência, por causa dessas durezas, fortalecem seu caráter.

O pássaro levanta voo diante de um vento frontal contrário não apenas para enfrentá-lo, mas para tirar proveito dele. Se encararmos as forças contrárias pela perspectiva correta, ela se torna favorável a nós.

Uma tempestade no mar pode bater os navios e até rasgar as velas, mas também forja corações valentes e fortalece as mãos dos marinheiros.

Conta-se que o grande pintor inglês Joseph Mallord Willian Turner um dia convidou Charles Kingsley, clérigo anglicano, professor e escritor, para ir ao seu estúdio. Queria que este visse um quadro seu em que retratava uma tempestade em alto-mar. Kingsley ficou fortemente admirado com a pintura.

– Como foi que conseguiu pintar isso? – Perguntou ao artista.

E Turner explicou:

– Eu queria retratar uma tempestade em alto-mar. Então viajei para a Holanda e lá contratei um pescador para me levar mar adentro na primeira vez em que ocorresse uma tempestade. Quando a tormenta começou a se formar, fui ao pescador e lhe pedi que me amarrasse ao mastro do barco. Em seguida, navegamos em direção a ela. A chuva e os ventos estavam tão fortes, que minha vontade era me abrigar no fundo da embarcação e esperar que ela passasse. Agora, porém, já era tarde. Estava amarrado ao mastro. Então, além de ver a tempestade, senti todo o seu impacto. Ela se abateu de tal forma sobre mim que parecia que me tornara parte dela. Depois voltei e pintei o quadro.

A experiência de Turner é um paralelo do que ocorre na vida. Por vezes temos tempo nublado, por vezes ensolarado. Às vezes temos prazer, outras vezes, dor. A vida é um grande misto de felicidade e tragédia. Aquele que se dispõe a aceitar tudo, a encarar tudo e deixar que a vida venha sobre ele com toda sua força, mistério, atingindo até o mais profundo de seu ser, esse sai dela enriquecido. A vitória que conquistamos dessa maneira fica em nossa posse para sempre.

Crescer e aprender com as tempestades da vida exige duas importantes ferramentas de navegação. Os capitães que se deparam com tempestades no mar aberto sabem que podem navegar contra a tempestade ou junto com ela. A maioria logo aprende que manobrar o navio contra os ventos do furacão provoca a quebra do mastro, como se fosse um graveto, e o esmagamento do leme pelas ondas fortíssimas. Em geral, o melhor é navegar junto com a tempestade, embora isso resulte em velocidades assustadoras, mas é o único meio para evitar que o navio emborque. Precisamos ter essa atitude e repensar como vemos a tempestade pela qual estamos passando.

Para recarregar a bateria:

Quem já entrou em uma mata, num dia de chuva forte e ventos cortantes? Não existe espetáculo mais sombrio, nem sons mais lúgubres. É o vento assobiando por entre galhos de árvores, quase completamente desfolhados. É o gotejar da chuva, caindo sobre o monte de folhas secas no chão. É o sopro do vento levantando no ar as folhas, que voam para o fundo da mata, como indo para um túmulo. São as delicadas cores dos troncos e musgos, agora manchadas e desfeitas pela água que escorre. Como é difícil crer que uma floresta de cenário tão sombrio possa ser a mesma do verão, cheia de tanta beleza!

No entanto, nós sabemos que esse mesmo vento que está agitando as árvores e zumbindo de modo tão lúgubre, essa mesma chuva que escorre, essas mesmas folhas que estão apodrecendo, irão ajudar a floresta a se "vestir" de verde. Eles irão fazer a mata cantar de alegria e pulsar com vida. Esses ventos, esse clima adverso, contribuem para a formação de árvores fortes, de raízes profundas. Até mesmo o furacão que as desfolha e quebra seus os galhos revitaliza sua capacidade básica. Obrigando-as a exercitar mais força.

Se alguém decepar uma árvore ao meio, o tronco se tornará mais firme, mais compacto, exibirá um crescimento mais simétrico. E se ela for arrancada por uma ventania, suas sementes se espalharão e acabarão dando origem a uma nova floresta. Ao serem destruídas, tais árvores voltam para o solo, de onde vão brotar outras árvores.

Assim também nós, hoje, podemos ser mais fortes e melhores, por causa das tempestades e furacões que enfrentamos.

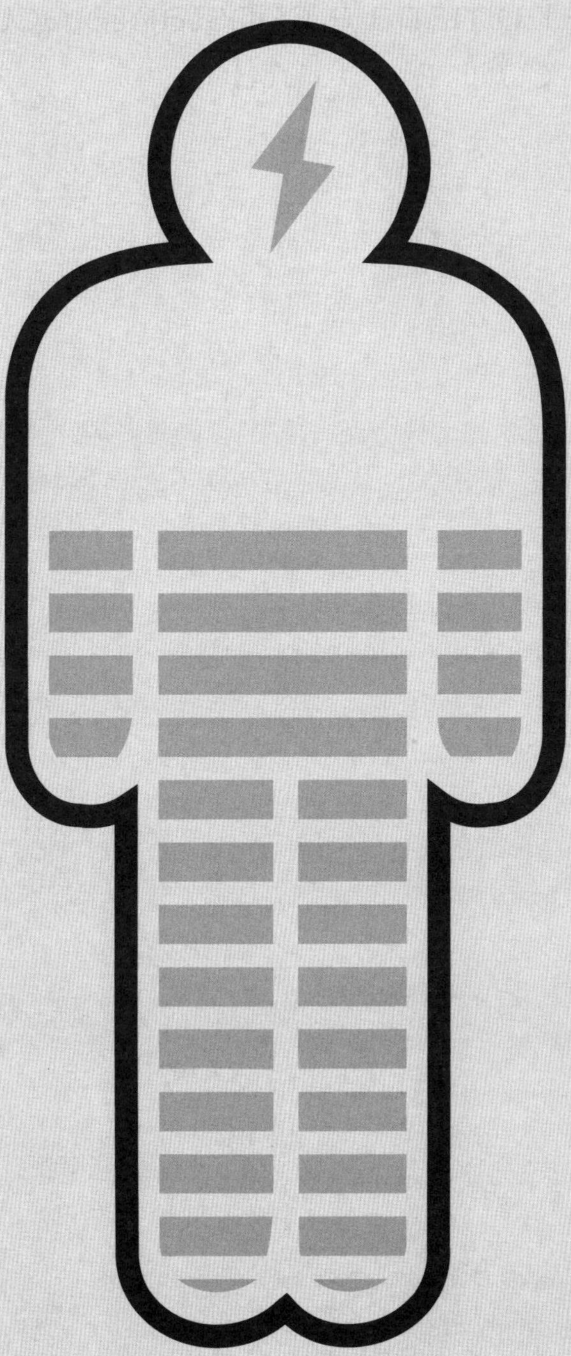

> **Queira-se ou não, a vida humana é constante ocupação com algo futuro.**

— *José Ortega y Gasset (1883 – 1955)*,
filósofo espanhol, também atuou como ativista político e como jornalista.

Expectativa de **futuro**

"Meu interesse é pelo futuro, pois é nele que passarei o resto de minha vida."

— *Charles Franklin Kettering (1876 – 1958),*
inventor e filósofo social americano.

A primeira vez que ouvi a pergunta *"Qual a sua expectativa de futuro?"*, eu era um recém-formado, acabara de deixar a faculdade e buscava uma oportunidade de emprego na profissão em que, com muita dificuldade, havia me diplomado.

Fui um dos finalistas em um processo de recrutamento e seleção. Encaminhado para o entrevistador, o diretor industrial daquela importante multinacional alemã, pude admirar a belíssima sala daquele executivo, desde os quadros de excelente gosto que decoravam o ambiente até a enorme estante de livros que ocupava toda parede atrás de sua imponente escrivaninha.

Mas o que mais me chamou a atenção foi sua cadeira reclinável e giratória. Era linda, top de linha de uma conhecida grife de móveis para escritórios.

Aquele sério diretor industrial lia meu currículo e vez por outra me olhava por cima de seus óculos de leitura, avaliando-me enquanto eu continuava paralisado, apenas acompanhando com os olhos o seu girar e reclinar em sua linda cadeira executiva.

O silêncio foi interrompido quando ele falou: "É, Daniel, você não tem experiência ainda, mas cursou uma boa universidade. Daniel, qual é a sua expectativa de futuro?"

A pergunta me surpreendeu, eu não estava preparado para responder uma pergunta tão profunda como esta.

Então, levianamente, e de modo inconsequente, respondi apontando para a sua moderna e confortável cadeira: "Eu quero me sentar aí".

Ele me imobilizou com seu olhar penetrante e simultaneamente passou à mão o telefone.

Naquele instante, senti que a possível oportunidade estava perdida, ele certamente ligaria para a segurança ou para a entrevistadora do departamento de recrutamento e seleção reclamando da qualidade do candidato. Mas, felizmente, não foi isso que aconteceu. Ele falava com o superior hierárquico dele e dizia: "Julio, encontrei a pessoa certa", e depois de trocar algumas palavras com seu interlocutor ao telefone voltou-se para mim e disse: "Parabéns, você está admitido, é gente assim que quero na minha equipe, gente com expectativa de futuro."

Você tem uma expectativa de futuro?

Você sabe em que cadeira você quer se sentar?

Você já pensou onde gostaria de estar em cinco ou seis anos?

Reflita sobre isso!

Para recarregar a bateria:

Seis meses depois da minha admissão, estava no departamento de engenharia em meu posto de trabalho, quando entrou no departamento o office boy da direto-

ria, empurrando uma enorme cadeira executiva. Todos os colegas paralisaram suas atividades e acompanharam o trajeto daquele rapaz empurrando a enorme cadeira em direção ao local de minha escrivaninha. Ele parou bem na minha frente e disse: "Daniel, o Sr. Flavio pediu para entregar esta cadeira para você, ele disse que você queria sentar-se em sua cadeira... e ele acabou de trocar a mobília do escritório dele". Houve uma explosão de gargalhadas no departamento.

Naquela tarde, eu consegui um espaço na agenda do diretor e agradeci a maneira bem humorada que ele encarou aquele meu comentário – de me sentar em sua cadeira, que fiz quando fui entrevistado.

Ele então apontou para sua cadeira nova e perguntou: "Daniel, você realmente gostaria de se sentar aqui?" E eu respondi com convicção: "Claro, chefe. Claro!"

Então ele, com aquela habilidade de fazer perguntas difíceis, disse: "E o que é que você está fazendo para se sentar aqui?"

Não estava preparado para este tipo de pergunta, então, respondi com outra: "Como assim?" E ele pacientemente e de maneira aconselhadora disparou uma série de perguntas. Apontando para a enorme estante de livros atrás dele, começou: "Você sabe quantos livros eu leio por mês? Você sabe quantos idiomas eu falo? Você sabe quantos cursos de especialização eu fiz após minha graduação? Você sabe qual é a minha maior competência? Você sabe o que eu faço muito bem? Em que me destaco?

A minha resposta foi um triste não, o que visivelmente o desapontou. Mas antes que eu envergonhado me retirasse da sala, ouvi seu comentário orientador: "Comece a fazer alguma coisa já se quiser sentar-se em uma cadeira como esta!"

Naquela mesma semana, eu me matriculei na escola de inglês e, naquele mesmo mês, voltei para universidade para fazer um curso de especialização.

Caro leitor, eu tenho uma pergunta para você:

O que é que você está fazendo para sua carreira, para a realização dos seus objetivos?

Comece hoje!

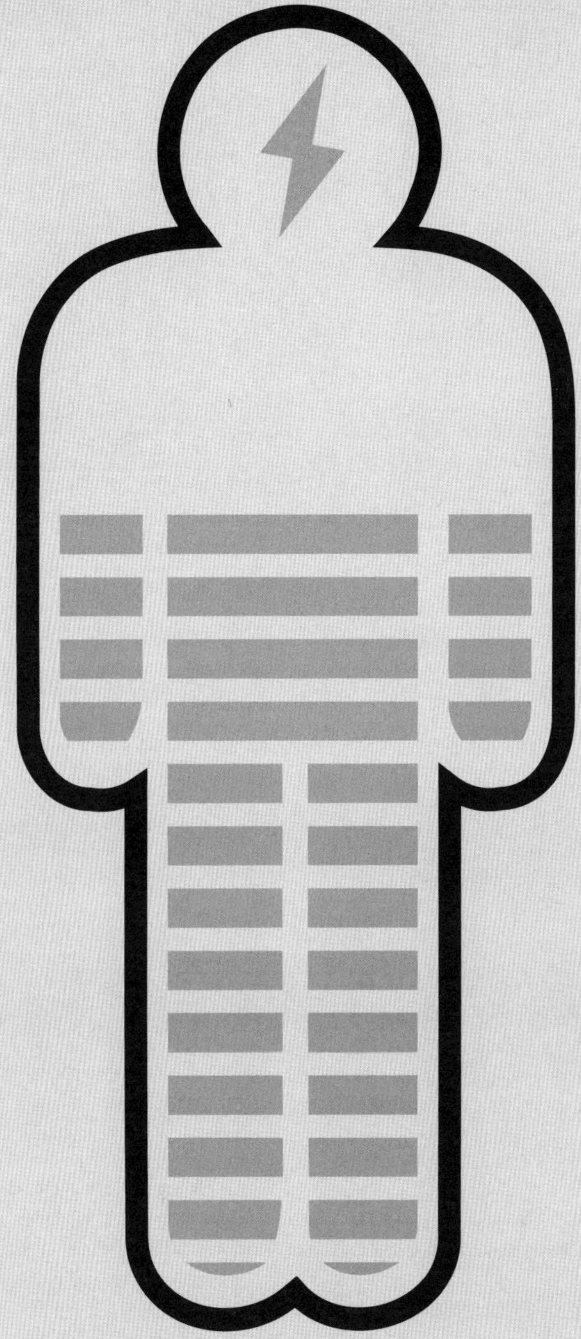

> "O homem que a dor não educou será sempre uma criança."

— *Niccolò Tommasèo (1802 - 1874),*
escritor italiano.

Na **Bigorna**

"Nunca país algum se elevou sem ser purificado no fogo do sofrimento."

— *Mohandas Karamchand Gandhi (1869 – 1948), pacifista, idealizador e fundador do moderno Estado indiano.*

Gosto muito de observar o ferreiro fazendo seu trabalho. Percebo um aspecto de eternidade no fogo e na pressão aplicada ao ferro inflexível, bruto, e com aparência de sujo. Uma coisa é certa, sem aquele calor e habilidade do artesão, a matéria-prima simplesmente não mudará. Martele-a sem calor e tudo que consegue é amassá-la. Aqueça-a sem o martelo e tudo que terá é o calor latente.

Com um forte braço, o ferreiro vestido com um avental coloca as pinças dentro do fogo, agarra o metal fervendo e o coloca sobre a bigorna. O seu olho aguçado examina a peça ainda em brasa. Ele vê o que a ferramenta é agora e visualiza o que ele quer que ela seja – mais cortante, mais achatada, mais larga, mais comprida. Com visão mais clara em sua mente, ele começa a martelá-la. A sua mão esquerda ainda segura as pinças com o metal quente, e a mão direita bate no metal moldável com o pesado martelo.

Na sólida bigorna, o ferro ainda em combustão começa a ser remodelado.

O ferreiro sabe que tipo de instrumento ele quer. Ele sabe o tamanho. Ele sabe o formato. Ele sabe a força.

Páh! Páh! Bate o martelo. Os barulhos ressoam na fábrica, o ar se enche de fumaça, e o metal, ainda mole, responde.

Mas a resposta não vem fácil. Não vem sem desconforto. Para derreter o ferro velho e fundi-lo como novo passa-se um processo de ruptura. O metal ainda se mantém na bigorna, permitindo que o ferreiro remova as cicatrizes, repare as rachaduras, preencha as lacunas e purifique as impurezas.

E com o tempo, uma mudança ocorre: O que era sem corte se torna afiado, o que era torto se torna reto, o que era fraco se torna forte, e o que era inútil se torna valoroso.

Então o ferreiro para. Ele cessa as batidas e coloca o martelo de lado. Com um forte braço esquerdo, ele levanta as pinça até que o metal recém-moldado esteja à altura dos seus olhos. Ainda em silêncio, ele examina a ferramenta em brasa. A massa incandescente é girada e examinada para ver se existem marcas ou rachaduras.

Não existe nenhuma.

Agora, o ferreiro entra no estágio final de sua tarefa. Ele mergulha o instrumento ainda quente dentro de um tonel de água. Com um sonido e uma movimentação de fumaça, o metal imediatamente começa a endurecer. O calor se rende ao ataque furioso da água fria e o mineral maleável e mole se torna uma ferramenta útil e inflexível.

Tempos de provação não são para serem desprezados; eles são para serem experimentados.

Embora o túnel seja escuro, ele vai através da montanha. Tempos de provação nos fazem lembrar de quem nós somos e de quem Deus é. Nós não deveríamos tentar escapar deles. Escapar desses momentos pode significar escapar de Deus.

Deus vê nossas vidas do começo ao fim. Talvez Ele nos faça passar por uma tempestade aos dezenove anos ou aos trinta para que possamos suportar um furacão aos setenta.

Um instrumento é útil somente se ele estiver na forma certa. Um machado sem corte ou uma chave de fenda torta precisa de atenção, e nós também. Um bom ferreiro mantém as suas ferramentas em boa forma. E Deus faz mesmo.

O tempo que ficamos na bigorna deveria servir para entendermos qual é a nossa missão e definir os nossos propósitos. Quando uma ferramenta emerge da bigorna de um ferreiro, sabe-se exatamente para que fim ela foi feita. Não existe dúvida do porquê de ela ter sido feita.

Uma só olhada na ferramenta é o suficiente para sabermos qual é sua função. Você pega um martelo e sabe que ele foi feito para martelar os pregos. Você pega um serrote e sabe que ele foi feito para serrar madeira. Você pega uma chave de fenda e sabe que ela foi feita para apertar parafusos.

Para recarregar a bateria:

O Martelo, a Lima, e a Fornalha.

Foi Samuel Rutherford, teólogo e escritor escoceses, que disse: "no meio de provações dolorosas e muitos sofrimentos, louve a Deus pelo martelo, pela lima, e pela fornalha!"

Pensemos a esse respeito. O martelo é um instrumento útil e manejável. É uma ferramenta essencial e útil se for preciso bater um prego. Cada golpe força o prego a aprofundar-se mais à medida que a cabeça do martelo bate e bate.

Mas se o prego tivesse sentimentos e inteligência, ele nos daria outra versão da história. Para o prego, o martelo é um senhor brutal e implacável — um inimigo que gosta de surrar até à submissão. Essa é a opinião que o prego tem do martelo. É correta. Exceto quanto a uma coisa. O prego tende a esquecer-se de que tanto ele como o martelo são segurados pelo mesmo trabalhador. O trabalhador decide a "cabeça" de quem ele baterá até desaparecer de vista... e qual o martelo que será usado para fazer o serviço.

Esta decisão é direito soberano do carpinteiro. Lembre de que o prego e o martelo são segurados pelo mesmo trabalhador... e seu ressentimento diminuirá à medida que ele se rende ao carpinteiro sem queixar-se.

A mesma analogia vale para o metal que resiste à raspagem da lima e ao sopro da fornalha. Se o metal se esquecer de que ele e as ferramentas são objetos do cuidado do mesmo artesão, ele desenvolverá ódio e ressentimento. O metal deve ter em mente que o artífice sabe o que está fazendo... e está fazendo o que é melhor. Os sofrimentos e os desapontamentos são como o martelo, a lima e a fornalha. Eles são apresentados em todos os formatos e tamanhos: um romance irrealizado, uma enfermidade prolongada, uma morte prematura, um alvo na vida não atingido, um lar ou um casamento desfeito, uma amizade cortada, um filho rebelde e obstinado, um relatório médico pessoal que aconselha "cirurgia imediata", a perda de um ano escolar, uma depressão que simplesmente não vai embora, um hábito que não parece quebrar. Alguns sofrimentos vêm repentinamente... doutras vezes aparecem com o decorrer de muitos meses, vagarosamente como a erosão da terra.

Escrevo a um "prego" que começou a ressentir-se dos golpes do martelo? Está você à beira do desespero, pensando que não pode suportar outro dia de sofrimento? É isso que o abate?

O sábio artesão sabe o que está fazendo. Seu Criador conhece seu ponto de ruptura. O processo de amoldar, de esmagar e de fundir destina-se a remodelá-lo, e não arruiná-lo. Se você não fosse importante, pensa que ele tomaria este tempo e trabalharia duro em sua vida? A grandeza, excelência e distinção é resultado de marteladas, desbaste através da lima áspera e têmpera na forja das provações e dos pesares.

> "A vida é como uma peça de teatro que não permite ensaios. Cante, chore, dance, ria, interaja e viva intensamente antes que a cortina se feche e a peça termine sem aplausos."

— ***Charlie Chaplin (1889 - 1977)**,*
ator, diretor, produtor, humorista, empresário,
escritor, dançarino, roteirista e músico britânico.

Viver **momentos**

"Só deixe para amanhã o que você está disposto a morrer sem ter realizado."

— *Pablo Picasso (1881 - 1973),*
pintor, ceramista e escultor espanhol.

Contam que havia um homem que peregrinava pelo mundo prestando atenção em tudo que via. Certo dia, chegou a uma aldeia e, antes de entrar, avistou uma trilha que chamou a atenção dele pelo fato de estar coberta de árvores e flores. Seguiu por aquele desvio que o levou a uma cerca de madeira com uma porta de bronze entreaberta, como se ela o convidasse a entrar.

O homem traspassou o umbral e começou a andar devagar entre as pedras brancas distribuídas aleatoriamente em meio às árvores. Era o cemitério da aldeia. Agachou-se para olhar uma inscrição e leu o nome de uma pessoa seguido da frase: Viveu 8 anos, 6 meses, 2 semanas e 3 dias. O homem sentiu pena da criança morta tão jovem e, com curiosidade, foi lendo as lápides ao redor. Qual foi sua surpresa ao perceber que, dos que ali foram enterrados, o que vivera mais tempo só tinha 11 anos. Terrivelmente abatido, sentou-se diante da porta e estava refletindo sobre a causa da morte de tantas crianças quando um homem idoso se dirigiu a ele e perguntou o que estava acontecendo. Ele contou o que o inquietava:

— O que aconteceu nesta aldeia? Por que há tantas crianças enterradas neste lugar? Que terrível maldição desabou sobre vocês?

– Acalme-se, bom homem – disse o idoso. – Não existe nenhuma maldição. O que acontece é que, em nossa cultura, quando um jovem completa 15 anos, seus pais lhes dão de presente um livrinho como este que carrego. A partir dessa idade, cada vez que gozamos intensamente algo, ou vivemos um momento especial ou intenso, sentimos amor, paz ou felicidade, anotamos no caderno a experiência e indicamos sua duração. Assim todos fazem e, quando morremos, somam o tempo que vivemos com plenitude de sentido e consciência e o anotam na lápide. Este é, meu amigo, o único e verdadeiro tempo vivido.

Você já se flagrou vivendo determinados momentos com a certeza de que ficariam guardados em sua memória para sempre? Uma festa entre amigos, a entrega de um prêmio, a final de um campeonato, a conclusão de uma etapa nos estudos ou, infelizmente, a morte de um ente querido. São pequenos fragmentos de nossas vidas que compõe a nossa história neste planeta.

De acordo com o filósofo prusso-alemão Nietzsche, "os grandes eventos não são nossas horas mais ruidosas, mas nossos instantes mais silenciosos". Sim, como no roteiro de um filme ou novela, a história de nossas vidas tem momentos cruciais, que marcam "as cenas dos próximos capítulos".

Nossas vidas são compostas de fases. Nossa realidade hoje é completamente diferente do que era há poucos anos. Coisas das quais gostava; pessoas que eram maravilhosas, insubstituíveis; lugares que eram o máximo; a música de sua vida; tudo é totalmente diferente hoje do que era na sua adolescência, por exemplo.

Pouca coisa fica para sempre. A felicidade é feita de pequenos momentos, da companhia de pessoas que estão agora ao seu lado. Não espere o futuro para ser feliz, pois a felicidade, no futuro, pode ser totalmente diferente.

Para recarregar a bateria:

Nosso tempo na Terra é limitado.

Isso é um fato, por mais que essa ideia o perturbe. Não importa quem você é, qual sua idade, qual o grau de seu sucesso ou onde vive: a mortalidade continua sendo o grande nivelador. A cada tique-taque do relógio, um momento da vida fica para trás. Enquanto lê este parágrafo, os segundos que passam, nunca mais serão recuperados. Seus dias estão contados, e cada um que passa vai embora para sempre.

Se você for como eu, talvez se sinta tentado a considerar essa realidade dura e inoportuna, com o poder de nos vencer e paralisar. Mas esse não é meu propósito ao escrever este texto – aliás, é exatamente o oposto. Estou convencido de que em vez de nos inibir e forçar a viver na defensiva, aceitar que nosso tempo na Terra é limitado tem o incrível poder de nos libertar. Se soubéssemos que teríamos apenas um mês para viver, viveríamos de maneira diferente. Seríamos mais autênticos e teríamos mais ousadia na forma como gastamos o tempo. Mas essa reação contraditória levanta uma questão: o que nos impede de viver dessa maneira agora?

" A vida tem um ferrão na cauda.

É mais curta do que pensamos. E ela passa enquanto nos dedicamos tanto às coisas que são realmente importantes quanto àquelas que não são.

Enquanto o tempo voa, nós divagamos, deliberamos, duvidamos e levamo-nos muito a sério, enquanto a toda hora falamos sobre o que iríamos, poderíamos e deveríamos fazer para melhorar o quadro.

E daí ela passa.

Então vamos pôr a conversa em prática.

Afinal, nunca houve o momento ideal, ou o mais urgente, para começar a fazer as coisas que você quer.

Entre na dança. "

— *Sháá Wasmund,*
escritora e publicitária britânica.

O hífen – vivendo o pequeno traço

> "A morte é mais universal que a vida; todo mundo morre, mas nem todo mundo vive."
> — *Alan B. Sachs M.D., Ph.D.,*
> *professor e cientista na área de bioquímica e biologia molecular.*

Li outro dia um poema, que tentarei reproduzir tão fiel quanto é a minha memória:

"Certo homem, ao falar no velório de seu amigo,

Citou datas em lápide gravadas, de nascimento e morte do falecido.

Do nascimento falou primeiro, depois da morte do distinto,

No entanto, disse, importante mesmo,

É o travessão entre um e outro acontecido.

(Nascimento – Morte)

Pois o hífen, este pequeno traço entre uma data e outra, representa todo o tempo, que seu amigo aqui passou,

Que agora passado, somente tem valor para quem ele amou.

De casa, carros ou dinheiro, não era importante quantos tinha,

Importante mesmo era como agia, como vivia e como amava.

Portanto, como está a tua vida; existem coisas para consertar?

Do amanhã não tens certeza, nem daquilo que poderás mudar.

Se puderes compreender o real valor;

Procurar entender os anseios das pessoas em derredor,

Estressar-se menos; mais tolerância, mais apreço demonstrar,

E as pessoas mais importante da sua vida mais amar,

Se aos outros puderes tratar com mais respeito, com sorriso,

Sempre lembrando quão pequeno é este travessão, este pequeno risco.

Para quando junto à tua urna alguém queira discursar,

Do travesseiro da sua vida não precise se envergonhar."

Talvez nenhum lugar represente melhor a brevidade da nossa vida do que um cemitério.

Há muitos anos, eu caminhava em uma visita a um cemitério histórico e fiquei fascinado pelas velhas lápides e a vida que elas representavam. As datas gravadas em alguns dos antigos monumentos e placas de sepulturas datavam do século XIX. Minha imaginação me levou às várias histórias que as lápides contavam. Fiquei pensando em como era a vida em 1823 ou 1914. Sei que as pessoas daqueles tempos tinham os mesmos problemas e dores que qualquer um tem na vida, mas fiquei pensando se elas se sentiam tão estressadas e pressionadas como somos hoje. A tecnologia e recursos modernos revolucionam a vida no século XXI, mas a que custo?

Olhando as velhas lápides, não pude deixar de reconhecer que vidas inteiras estavam naquele momento diante de mim, reduzidas a duas datas ligadas por um pequeno traço.

Não esquecerei tão cedo o que aprendi naquele local.

Primeiro, a vida é breve. Terrivelmente breve. Em cada lápide existe um pequeno traço... uma linha horizontal... ilustrando o tempo. Se esse "hífen" pudesse falar, ele nos ensinaria a segunda lição: a oportunidade é agora. Não depois, agora.

Há um antigo ditado que ouvi quando criança que, ocasionalmente, retorna à minha mente:

Quatro coisas nunca voltam: a palavra dita, a flecha lançada, o passar do tempo, a oportunidade negligenciada.

A vida de cada pessoa se constitui naquilo que acontece entre essas duas datas. Resume-se ao que abrange o traço.

Lembro-me de ter olhado para a lápide de uma pessoa em particular e pensei: "Pelo que ela viveu? Quem ela amou? Quais foram suas paixões? Quais foram seus maiores erros e principais arrependimentos?

Quando paramos para pensar, vemos que não temos controle sobre muitas coisas na vida. Não decidimos onde iríamos nascer, quem seriam nossos pais ou em qual período histórico ou cultura viveríamos. Tampouco decidimos as datas colocadas em nossa lápide. Não sabemos quando nosso tempo aqui acabará. Pode ser na semana que vem, no próximo ano ou daqui a muitas décadas. Somente Deus sabe.

A terceira lição que aprendi: temos que decidir como gastar o pequeno traço de tempo entre as duas datas que limitam nossa existência terrena.

Em que você está gastando o seu tempo? Está vivendo o traço sabendo exatamente quem é e por que está aqui? Ou simplesmente lutando para viver, gastando apressadamente preciosos momentos em busca de coisas que são fúteis?

Para recarregar a bateria:

Você não viverá para sempre.

Pode ser até que viva um pouco mais, devido ao avanço da ciência e as novas tecnologias e o consequente aumento da expectativa de vida, mas esse é mais um motivo para começar a investir na vida que você quer e não só nesta que você tem.

Transforme o jeito como você vive o traço.

Nunca houve momento mais ideal para começar algo. Agora, mais do que nunca, vivemos em um mundo de oportunidades.

106 716 367 669. Ou, para ficar mais fácil, arredondando, 100 bilhões... Número estimado de seres humanos que já morreram na história do planeta Terra. Desde o início. O responsável pelo cálculo é Carl Haub, pesquisador do instituto americano Population Reference Bureau, que estuda fenômenos populacionais.

7.2 bilhões é o número total de seres humanos vivos hoje, considerado o período mais populoso da história do mundo, até agora.

UM é o número total de chances que você tem de viver a vida que ganhou na história do mundo, do Universo... antes de você se somar ao número de aproximadamente 110 bilhões de lápides já fincadas na terra.

Então, agora é o momento certo de começar, de agir, de fazer, de realizar... não adie mais.

> Cada problema traz, dentro de si, uma oportunidade tão poderosa que, literalmente, impede o desenvolvimento do problema. As grandes histórias de sucesso foram criadas por pessoas que reconheceram um problema e o transformaram em uma oportunidade.

— *Joseph Sugarman,*
autor americano, premiado por seus trabalhos em marketing e propaganda.

O **lado** bom

"Quando uma porta se fecha para nós, outra se abre. Mas, às vezes, nós olhamos com tanto pesar para a porta que se fechou que simplesmente não enxergamos aquela que se abriu para nós."

– *Helen Keller (1880 - 1968),*
escritora e conferencista americana.

Na noite de 22 de setembro de 1963, quatro rapazes partiram em uma viagem de carro de Majadahonda para Madri, na Espanha. Todos os quatro eram bons amigos que curtiam uma balada, mas aquela seria uma viagem da qual eles nunca se esqueceriam.

Júlio era um dos quatro rapazes no carro naquela noite. Seu sonho era se tornar jogador de futebol profissional e jogar pelo time que amava desde criança, o Real Madrid. Ele havia alimentado esse sonho e corrido atrás dele desde a infância, e o sonho estava começando a se realizar.

Júlio era muito talentoso e surgia como uma espécie de prodígio. O Real Madrid havia assinado um contrato de goleiro com Júlio. Já se comentava, à boca pequena, que ele seria o futuro goleiro titular da seleção espanhola. A vida não poderia estar melhor. Sua estrela estava em ascensão, até aquela noite em que entrou no carro com seus amigos. Por obra do destino seu sonho terminara ali.

Por volta das duas da madrugada, o carro em que Júlio e seus amigos estavam viajando se envolveu em um grave acidente. Júlio acordou no hospital Eloy Gonzalo, em

Madri, e descobriu que estava semiparalisado. Os médicos informaram que ele teria que ficar confinado em uma cama por 18 meses para dar uma chance de cura às lesões em sua coluna vertebral. E mesmo assim, seu prognóstico não era bom. Achavam improvável que Júlio voltasse a andar um dia. Mas uma coisa estava certa: sua carreira de jogador de futebol estava encerrada.

Toda noite, ao longo dos 18 meses em que passou no hospital, Júlio ouvia rádio e escrevia poemas – versos tristes, reflexivos e românticos que questionavam o destino dos homens e o sentido da vida. Ao ler seus poemas, Eladio Magdaleno, um jovem enfermeiro que cuidava de Júlio no hospital, deu-lhe um violão e sugeriu que ele transformasse suas poesias em canções.

Cantar começou como uma distração para Júlio – uma maneira de esquecer os dias mais felizes que vivera como atleta. Mas à medida que o tempo ia passando, cantar se tornou mais uma paixão do que uma mera distração. Ele rabiscou números no violão para aprender acordes básicos. A cada semana, mais acordes surgiam e, em pouco tempo, já estava compondo melodias para seus poemas.

Depois que os 18 meses se passaram e Júlio se recuperou das lesões, ele decidiu voltar à Universidade de Música e retomar seus estudos. Posteriormente, viajou à Inglaterra para aperfeiçoar seu inglês, primeiro em Ramsgate, Kent, e depois na Bell's Language School, em Cambridge. Às vezes, nos fins de semana, ele cantava no Airport Pub, fazendo covers de músicas que eram populares na época, de artistas como Tom Jones, Engelbert Humperdinck e os Beatles.

Quando Júlio voltou para a Espanha, resolveu procurar um cantor para interpretar suas músicas. Levou sua primeira música ao estúdio de uma gravadora em Madri e perguntou se podiam recomendar um cantor. O gerente, olhando para Júlio e ouvindo-o cantar, ficou perplexo. Por que alguém como Júlio precisaria de outra pessoa para cantar suas músicas? Júlio era um homem extremamente bonito, de cabelos negros, grandes olhos castanhos, um corpo esbelto e bronzeado e um sorriso capaz de derreter o coração das mulheres. Também tinha uma voz marcante e afinada.

– E por que *você* não canta? – perguntou o gerente.

Ao que Júlio respondeu:

– Porque não sou cantor!

Mas, no fim, Júlio seguiu o conselho do gerente e inscreveu uma de suas canções num festival de musica espanhola. No dia 17 de julho de 1968, cinco anos depois do acidente que por muito pouco não destruiu sua vida, ele tirou o primeiro lugar na Fiesta de Benidorm com a música "La Vida Siegue Igual" e, logo depois, a Columbia Records lhe ofereceu um contrato.

É muito provável que você já tenha ouvido Júlio cantar. Pode ser até que você tenha uma gravação dele em algum tipo de mídia antiga ou moderna. Porque o homem que perdeu todos os seus sonhos de infância num trágico acidente de carro se tornou o cantor mais vendido da música latina e uma figura conhecida no mundo inteiro. O homem que teve que abandonar seu sonho encontrou o lado bom da adversidade através de um sonho maior do que aquele que lhe fora tomado. Seu nome é Júlio Iglesias.

Para recarregar a bateria:

A história de Júlio Iglesias, ainda que impressionante, certamente não é única. Pessoas de todos os tipos, de diversas raças, nacionalidades e profissões, sofrem reveses e se deparam com problemas e obstáculos aparentemente intransponíveis e conseguiram transformá-los em algo positivo. Frequentemente esses problemas e obstáculos são, ao mesmo tempo, acontecimentos que disparam mudanças e nos movem em direções diferentes. Além disso, não é incomum que as pessoas olhem para trás e, com a vantagem de saberem o que aconteceu depois, passem a ver suas experiências sob uma ótica diferente. Algumas concluem que realmente se beneficiaram de uma maneira ou de outra; essas pessoas têm certeza de que suas vidas foram enriquecidas, em vez de prejudicadas.

Traumas e adversidades de todos os tipos foram convertidos em resultados positivos e geralmente o lado bom revela ser algo poderoso e significativo que anula totalmente a experiência negativa.

Os maiores problemas e adversidades que enfrentamos na vida são ao mesmo tempo as nossas maiores oportunidades.

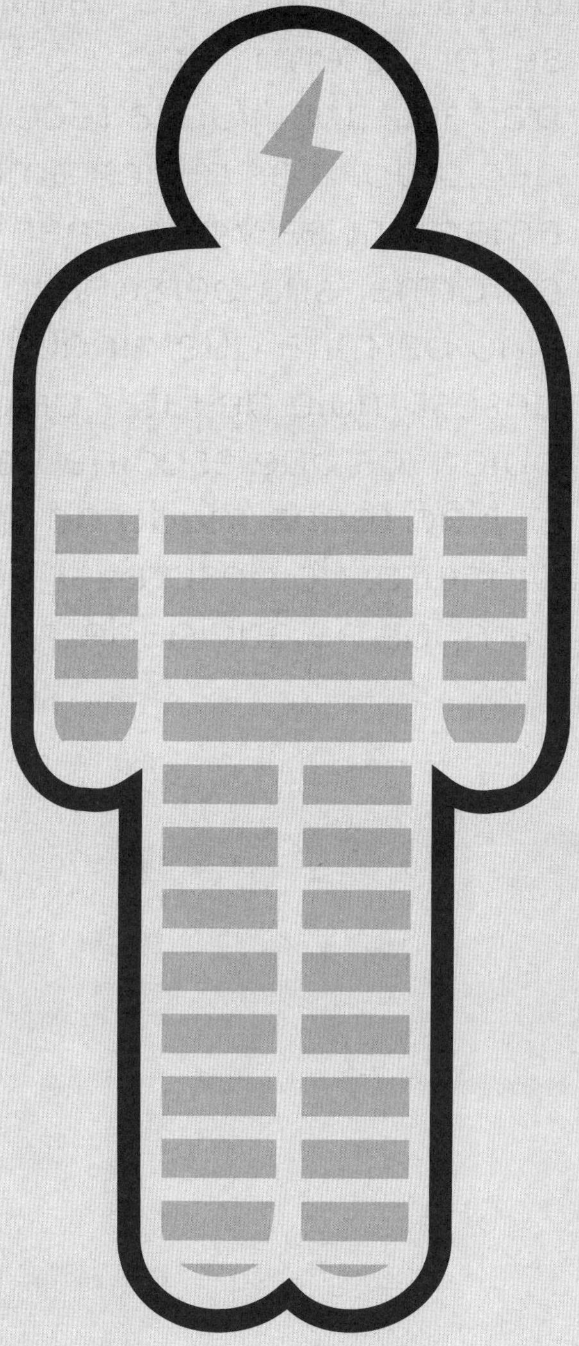

> *Você pode superar os obstáculos em seu caminho se for determinado, corajoso e trabalhador. Nunca receie. Seja decidido, mas nunca amargo. A amargura servirá somente para deformar sua personalidade. Não permita que ninguém o desestimule de lutar pelos objetivos que escolheu para si. Não tenha medo de ser o pioneiro, de desbravar novos campos de atividade.*

Ralph Johnson Bunche (1903 – 1971),
Nobel da Paz de 1940.

Retrato de **determinação**

"Ainda estou determinada a ser alegre e feliz em qualquer situação que possa estar, pois aprendi com a experiência que a maior parte da nossa felicidade ou tristeza depende das nossas disposições e não das circunstâncias."

– **Martha Washington (1731 – 1802)[1]**,
a primeira das primeiras-damas dos EUA.

Sempre que penso em prosseguir com determinação, em perseguir um objetivo e alcançar vitória diante de situações insuportáveis, o nome de Wilma Rudolf[1] surge em minha mente.

Desde seu nascimento, parecia que Wilma já tinha sofrido mais que merecia. Ela era a vigésima criança de 22 filhos nascidos de uma família afro-americana do Tennessee. Conhecida como "a criança mais doente de Clarksville", Wilma teve sarampo, caxumba, catapora, pneumonia aguda e febre escarlate. Aos quatro anos de idade, ela contraiu poliomielite, o que deixou sua perna esquerda paralisada. Aos cinco anos, Wilma começou a usar um suporte mecânico na perna. Sua pobre saúde impediu-a de fazer

---

1 Wilma Glodean Rudolph (Clarksville, 23 de junho de 1940 — Brentwood, 12 de novembro de 1994) foi uma atleta norte-americana que, portadora de poliomielite na infância, conquistou três medalhas de ouro como velocista nos Jogos Olímpicos de Roma em 1960.

o jardim da infância, então ela entrou na escola no ensino fundamental. Em sua autobiografia, Wilma explica que frequentou uma escola diferenciada, mas seu cabelo vermelho e suas marcas na pele junto com sua perna de suporte metálico a faziam sentir-se uma estranha entre os colegas. As braçadeiras de metal na perna, os olhares atentos das outras crianças do bairro e o tratamento de seis anos, viajando de ônibus a Nashville, poderiam ter levado essa menina para uma concha criada por si mesma.

Mas Wilma recusou tudo isto.

Wilma continuou sonhando.

Ela estava determinada a não permitir que sua deficiência interrompesse o caminho de seus sonhos. Talvez sua determinação fosse gerada pela fé de sua mãe cristã que frequentemente dizia: "Querida, a coisa mais importante na vida é você acreditar nisso e continuar tentando".

Aos onze anos, Wilma decidiu "acreditar nisso". E por absoluta determinação e um espírito indomável para perseverar, a despeito de todas as dificuldades, ela se obrigou a aprender a caminhar sem braçadeiras de metal.

Aos doze anos, ela fez uma descoberta maravilhosa: as meninas podiam correr e pular, também jogar bola exatamente igual aos meninos! Sua irmã mais velha, Yvonne, era muito boa em basquete, então Wilma decidiu desafiá-la nas quadras. Ela começou a melhorar. As duas, no final das contas, foram para o mesmo time da escola. Yvonne foi escalada para a seleção da escola, Wilma não. Mas como o pai não permitia que Yvonne viajasse com o time sem a irmã como acompanhante, Wilma estava frequentemente na presença do treinador.

Um dia ela criou coragem para confrontar o homem com sua magnífica obsessão – seu sonho de vida. Ela revelou: "Se você me der dez minutos de seu tempo todo dia – apenas dez minutos – eu lhe darei uma atleta de classe mundial".

Ele aceitou sua oferta. O resultado da história é que a jovem Wilma finalmente ganhou uma posição titular no time de basquete; e quando terminou aquela temporada, ela decidiu tentar se classificar em um teste na equipe de pista. Que decisão!

Em sua primeira corrida, ela superou sua amiga. Depois ela superou todas as meninas em sua escola de segundo grau. Depois, todas as meninas da escola do segundo grau do estado do Tennessee. Wilma tinha apenas catorze anos, mas já era uma campeã.

Logo depois, embora ainda estivesse no segundo grau, ela foi convidada para fazer parte da equipe de pista de Tigerbelle, da Universidade Estadual do Tennessee. Ela começou um sério programa de treinamento depois das aulas e nos fins de semana. Enquanto se aperfeiçoava, continuava a ganhar corridas curtas e de revezamento de 400 metros.

Dois anos depois ela foi convidada a participar das eliminatórias para as Olimpíadas. Ela foi classificada e correu nos jogos de Melbourne, Austrália, em 1956. Ela ganhou uma medalha de bronze, quando sua equipe foi a terceira colocada na corrida de revezamento de 400 metros – uma vitória agridoce. Ela havia ganhado, mas decidiu que da próxima vez ela iria "conseguir o ouro".

Eu poderia saltar quatro anos e me apressar para chegar a Roma, mas isso não faria justiça à sua história toda. Wilma percebeu que a vitória ia requerer uma quantia enorme de compromisso, sacrifício e disciplina. Para dar a si mesma "a fôrma de campeão" como uma atleta de classe mundial, ela começou um programa tipo "faça você mesmo", semelhante ao que ela havia empregado para se livrar das braçadeiras de metal. Ela não só corria às seis e às dez horas todas as manhãs, e às três horas todas as tarde, como também frequentemente escapava do dormitório pela saída de emergência das oito às dez horas da noite e corria na pista antes da hora de dormir. Semana após semana, mês após mês, Wilma mantinha o mesmo programa extenuante... durante mais de mil e duzentos dias.

Agora estamos prontos para Roma. Quando a jovem negra, suave e elegante, com apenas 20 anos, dirigiu-se para a pista, ela estava pronta. Ela havia pagado o preço. Até aqueles oitenta mil espectadores podiam sentir o espírito da vitória. Era eletrizante. Quando começou a corrida de curta distância, um canto cadenciado começou a emergir das arquibancadas: "Wilma... Wilma... WILMA!" A multidão estava confiante. E ela... não decepcionou, ganhou.

Ela voou para a vitória fácil na corrida de 100 metros. Então, ganhou a corrida de 200 metros. E, finalmente, levou a equipe feminina dos Estados Unidos a outra final, em que alcançou o primeiro lugar no revezamento de 400 metros. Três medalhas de ouro – a primeira mulher na história a ganhar três medalhas de ouro no atletismo. Eu deveria acrescentar que cada uma das três corridas foi vencida com novo recorde mundial.

A pequena garota deficiente de Clarksville, Tennessee, era agora uma atleta de classe mundial. Wilma Rudolph havia decidido que não poderia permitir que sua deficiência a desqualificasse; em vez disso, ela escolheu pagar o preço da vitória e "conseguir o ouro".

Se Wilma Rudolph pôde reunir a coragem para tirar aquelas braçadeiras de suas pernas e vencer um obstáculo após outro em sua busca, estou convencido de que também podemos. Você pode!

"Mas pera aí", você diz. "Wilma Rudolf foi apenas outra vencedora. Ela chegou em primeiro lugar! Ela foi uma daquelas pessoas que alcança o topo e as outras pessoas comemoram. Nem todo mundo que deseja voltar a caminhar consegue. Nem todo mundo que treina duro para vencer uma olimpíada consegue levar a medalha de ouro".

Isso é verdade. Mas a parte mais importante da história não são as medalhas de Wilma. Elas simplesmente levaram a incrível vida da atleta para os olhos do mundo. Antes, quando Wilma ainda era uma criança, seu objetivo não era ganhar uma medalha de ouro ou se tornar uma lenda olímpica. Na verdade, Wilma nunca tinha ouvido falar sobre as olimpíadas até completar dezesseis anos. Antes de começar a correr, seu objetivo era simplesmente "ver se poderia caminhar". Isso era algo que os médicos diziam nunca mais ser possível para ela. E ainda assim, Wilma alcançou seu objetivo, literalmente, um passo de cada vez. E ela acabou levando o ouro olímpico de bônus.

A verdadeira competição de Wilma não era com os outros corredores. Ela estava competindo consigo mesma. Ao lidar com a autoaceitação, ela tinha uma escolha a fazer: resignar-se ou comemorar. Ela escolheu a comemoração. Wilma enxergava além de quem ela era naquele momento, conseguia ver quem ela acreditava que poderia ser – alguém que ela acreditava que Deus tinha criado para ser. Então, ela fez o que pôde para ajudar a si mesma a continuar e a crescer naquela direção.

Para recarregar a bateria:

Assim como Wilma, a história da sua vida é escrita um dia de cada vez. Você pode estar encarando grandes desafios. Você pode lutar em desvantagens, com deficiências ou desmotivação. Você pode não ter o apoio de uma família torcendo por você como Wilma teve quando era jovem. Mas você não está só. Existe alguém torcendo por você. Alguém que conhece você por dentro e por fora. Alguém que entende qual é o seu lugar na grande figura da vida e sabe exatamente onde a peça do quebra-cabeça, que é "você", pertence. Ele quer ajudá-lo a se enxergar através dos seus olhos. Ele quer que você saiba que você é muito mais do que apenas "o bastante".

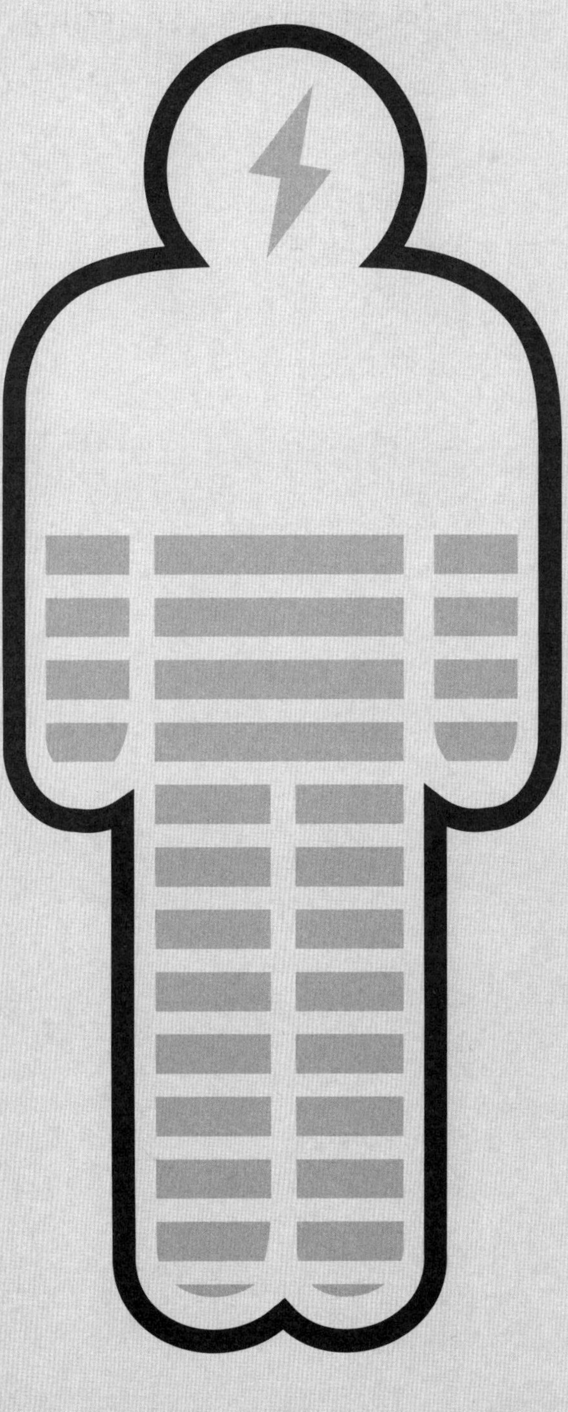

> "Nenhum homem jamais foi grande através da imitação."
>
> — *Samuel Johnson (1709 - 1784),*
> *escritor, poeta e ensaísta britânico.*

Se **você** não for você, então **quem** você **será**?

> "Todo ser humano é destinado
> a ter uma característica própria:
> ser aquilo que nenhum outro é,
> e fazer aquilo que nenhum outro
> pode fazer."
>
> — *Dr. William Ellery Channing (1780 - 1842),*
> *poeta e teólogo.*

Cada pessoa é como uma peça única de um quebra-cabeças gigantesco que cresce ao longo do tempo. Todos temos formas e cores diferentes, cada um preenchendo um espaço único que ajuda a completar a figura final. Você pode ser uma exuberante pétala de flor como uma begônia, uma explosão vulcânica ou um dente afiado de um tigre de bengala. Ou você pode ser uma daquelas peças azuis do céu. Você sabe. Aquelas que, à primeira vista, parecem todas iguais. Mas tente colocar uma peça do céu no espaço designado para outra peça e o que acontece? Não se encaixará!

Você pode tentar forçar, amassar a peça ou inverter um pouco as extremidades dela, mas mesmo que consiga forçar o encaixe da peça num espaço que não lhe pertença, a figura final nunca parecerá totalmente correta. E em algum outro lugar no quebra-cabeça, existirá um espaço pendente na figura – um espaço em que aquela peça teria se encaixado perfeitamente.

Toda peça tem uma função. Mas, às vezes, leva um tempo para acharmos sua localização. Isso faz parte da aventura de viver. Você está descobrindo quem você é e onde se encaixa – e que parte da grande figura você foi criado para compor no quebra-cabeça. Esse processo envolve erros e experiências, assim como montar um quebra-cabeça com sete bilhões de peças! Isso significa que você pode se sentir à vontade para lidar com questões complexas de matemática, avaliar se falar em público é sua praia ou se juntar ao grupo de trabalho voluntário. Você pode se sentir orgulhoso de ser um devorador de livros, um *nerd* ou um surfista. Na verdade, você pode até descobrir que tem um talento nato para todas essas coisas.

Se você está à procura de uma referência para comparar-se, desconsidere comparar-se aos outros. Toda vez que você se compara com alguma outra peça do quebra-cabeça ou tenta mudar você mesmo de uma corrente de lava para um dente de tigre, porque os tigres estão totalmente na moda, você perde de vista o verdadeiro valor que é ser único como você realmente é.

É como se comparar maçãs com laranjas ou céu azul com as begônias. Comparar-se com outras pessoas não prova nada, exceto que todos nós somos diferentes. Únicos. Só isso. Em vez de se comparar com outros, compare quem você é; tentando ser quem você realmente foi criado para ser. Esse é um padrão que permanece constante em nossa vida. Ninguém jamais poderá "ser você" melhor que você mesmo. E isso merece uma comemoração.

O professor, escritor e poeta Russel Kelfer[1], deixou-nos um poema lindíssimo que resume a essência de nossa singularidade:

---

1 Russell Lee Kelfer (1933 – 2000), jornalista, escritor e poeta americano.

Você é quem é por uma razão.

Você faz parte de um plano complexo.

Você é uma criação original, preciosa e perfeita...

Você não é um acidente.

Seu nascimento não foi um erro ou um infortúnio, e sua vida não é um acaso da natureza. Seus pais podem não tê-lo planejado, mas o Criador certamente o fez. Ele não ficou nem um pouco surpreso com seu nascimento. Aliás, ele o aguardava.

Muito antes de ser concebido por seus pais, você foi concebido na mente do Criador. Ele pensou em você primeiro. Você não está respirando neste exato momento por acaso, sorte, destino ou coincidência.

O Criador determinou cada pequeno detalhe de nosso corpo. Ele deliberadamente escolheu sua raça, a cor de sua pele, seu cabelo e todas as outras características. Ele fez seu corpo sob medida, exatamente do jeito que queria. Ele também determinou os talentos naturais que você possuiria e a singularidade de sua personalidade. Você é único.

Deus queria que você fosse VOCÊ. Ele o criou para ser único, distinto, uma pessoa significativa, diferente de qualquer outro indivíduo no planeta Terra, ao longo deste vasto período de tempo. Em seu caso, assim como no de qualquer outro ser humano, o molde foi quebrado, para nunca ser usado novamente, logo que você entrou no fluxo da humanidade.

O grande general e poeta Davi, herói do povo hebreu, aquele retratado por Michelangelo em uma fenomenal escultura de mármore, disse: *"Tu criaste o íntimo do meu ser e me teceste no ventre de minha mãe. Eu te louvo porque me fizeste de modo especial e admirável. Tuas obras são maravilhosas!*

Digo isso com convicção. Meus ossos não estavam escondidos de ti quando em secreto fui formado e entretecido como nas profundezas da Terra. Os teus olhos viram o meu embrião; todos os dias determinados para mim foram escritos no teu livro antes de qualquer um deles existir[2].

Se eu li corretamente essa declaração espantosa, você foi planejado e depois apresentado ao mundo exatamente da forma como o Criador quis.

Reflita sobre esta verdade!

Leia as palavras de Davi mais uma vez, e não perca o comentário de que Deus está pessoalmente envolvido em todos os dias, detalhes e aspectos da sua vida. Grande pensamento! Às vezes, esquecemo-nos da verdade a respeito de quem somos. Temos um dia ruim, fazemos algo estúpido, alguém nos coloca para baixo, nossas emoções inebriam nosso bom senso, e às vezes precisamos ser lembrados que somos obra de arte e não acidente.

Para recarregar a bateria:

Uma mulher de meia-idade teve um ataque cardíaco e foi levada às pressas para a unidade de emergência. Na mesa de operações ela teve uma experiência de quase-morte; viu Deus e perguntou se tudo acabava ali. Ele respondeu: "Não, você ainda tem 43 anos, dois meses e oito dias para viver".

2 Livro dos Salmos, 139.13-16.

Quando se recuperou, decidiu ficar no hospital e fazer cirurgia plástica no rosto, lipoaspiração, remoção de tecidos gordurosos da barriga, enfim, um trabalho completo. Ela até chamou uma pessoa para pintar seu cabelo, imaginando que, já que teria muita vida pela frente, bem que poderia tirar melhor proveito disso.

Recebeu alta depois do último procedimento. No entanto, enquanto atravessava a rua em frente ao hospital, morreu atropelada por uma ambulância em alta velocidade.

Quando chegou à presença de Deus, estava botando fogo pelas ventas:

– Achei que o Senhor tinha dito que eu viveria mais 43 anos.

Ao que Ele lhe respondeu:

– Eu não reconheci você.

Não importa quem você seja ou o que esteja passando, você foi criado à imagem do poderoso e inabalável Deus. Você é VOCÊ, único e importante.

CARGA RÁPIDA

RESPIRANDO PRIMEIRO

"Em caso de despressurização da cabine, máscaras de oxigênio cairão automaticamente do compartimento acima de sua cabeça. Por favor, coloque a máscara de oxigênio primeiramente em você antes de auxiliar crianças pequenas e outras pessoas que precisem de ajuda."

– Aviso de segurança das empresas aéreas.

Dependendo da frequência com que viaja de avião, talvez você já saiba essa frase de cor. Ela faz parte do monólogo de toda comissária de bordo, quando fala sobre procedimentos de segurança no início do voo. A lógica dessa instrução é óbvia: você não pode ajudar ninguém se desmaiar por falta de oxigênio.

Contudo, essas palavras também transmitem uma poderosa verdade emocional e espiritual. Se você quer extrair o máximo da sua vida e viver um estilo de vida sem arrependimento, fazer diferença, encorajar pessoas, liderar e motivar você precisa reservar um tempo para concentrar-se em si mesmo. Se você não for saudável nos âmbitos espiritual, físico, emocional e relacional, como poderá ir além e ajudar outras pessoas?

Respirar primeiro não é um gesto egoísta. É essencial.

Então recarregue-se!

Não engrosse a estatística de milhões de pessoas que já acordam cansadas, não aquietam sua mente ou se tornaram máquinas ansiosas. São reféns da rotina diária, não param de se preocupar, não refletem, não se voltam para dentro de si mesmas. Não reservam um tempo para nutrir-se de conteúdo saudável, inspirador, motivador e reflexivo.

Na sessão CARGA RÁPIDA, nas próximas páginas, você encontrará dezenas de citações e histórias curtas com objetivo de motivá-lo, estimulá-lo à ação, levá-lo a uma reflexão e ser inspiração para uma mudança de atitude se houver necessidade.

CARGA RÁPIDA é para aqueles momentos em que estamos presos, estagnados, indiferentes ou perdidos; as palavras certas podem agir como a inspiração de que necessitamos para nos mantermos em movimento, fazermos uma mudança, tentarmos algo novo, conseguirmos avançar e, sobretudo, fazer diferença.

Em poucas palavras, a seção CARGA RÁPIDA resume o que as pessoas podem estar tentando dizer para se expressar, ou o que, eventualmente precisam ouvir.

As citações e as histórias não inspiram ou motivam no vácuo: as pessoas respondem a elas por uma razão. Há uma conexão entre as palavras e o que elas estão enfrentando em suas próprias vidas. Se as pessoas não conseguem aplicar a mensagem para o seu próprio passado, presente, ou futuro desejado, não terá nenhum significado para elas.

O que motiva ou inspira um, pode não fazer nenhum efeito para outro. Li um texto que dizia: "Tudo o que acontece à nossa volta é para nós apenas um evento. Só fará sentido se nós dermos significado a ele."

Em outras palavras, não é o que acontece o que importa, mas como as pessoas reagem a esses acontecimentos. E da mesma forma é com as citações e as histórias: elas serão apenas palavras no papel, a menos que você se conecte e dê significado a elas.

Espero que esta conexão aconteça entre você e ao menos uma das citações ou histórias desta seção e que isso possa fazer diferença para você e para as pessoas que você decidiu ajudar.

MINAS TERRESTRES SUJAM A TERRA

"Ninguém pode fazer com que te sintas inferior sem o teu conhecimento."

– **Anna Eleanor Roosevelt (1884 – 1962),**
primeira-dama dos Estados Unidos, de 1933 a 1945.

Estima-se que o mundo esteja sujo com restos de 80 a 100 milhões de minas terrestres contra seres humanos espalhadas por 64 países diferentes.

Elas podem parecer inofensivas, mas a capacidade das minas terrestres matarem ou mutilarem é imensa.

O caminho para o sucesso também está cheio de minas. Porém, essas minas não estão enterradas no solo. Elas podem ser encontradas na mente daqueles indivíduos que são desafiados a mudar. Elas normalmente explodem como palavras negativas na boca dos que as transportam, em respostas à declaração de alguém de que existe um jeito melhor, um método diferente, outro ponto de vista que conduz ao sucesso.

Donald Trump, conhecido empresário americano, acredita que "Os perdedores na vida extraem seu senso de realização e êxito da tentativa de deter os outros".

Em seu livro *Princípios de desempenho máximo para grandes empreendedores*, John Noe afirma que os grandes empreendedores devem estar preparados para enfrentar a rejeição e o descrédito dos seus pares. Se você estudar a biografia de grandes pessoas, descobrirá que a maioria foi mal compreendida, frequentemente pelos mais próximos. E ele também diz: "Elas lutaram contra obstáculos e críticas afiadas, e assim mesmo conseguiram realizar tarefas impressionantes".

Aqui algumas palavras e opiniões que alguns grandes empreendedores do passado tiveram de enfrentar.

"Perfurar o solo para tentar achar petróleo? Você está louco."

_ Trabalhadores para Edwin L. Drake, bilionário do petróleo, 1859.

"O telefone tem muitos problemas para ser considerado seriamente como um meio de comunicação. Esse aparelho não tem valor comercial para nós."

_ Memorando do executivo da Western Union, 1876.

"Nós não gostamos do som deles... A música com guitarra está saindo de moda."

_ Executivo de gravadora, rejeitando os Beatles, 1962.

"Você não chegará a lugar algum, filho. Deve voltar a dirigir caminhão."

_ Gerente da Gravadora Grand Old Opry, rejeitando Elvis Presley.

Não estou dizendo que os empreendedores devam ouvir apenas aqueles que concordem com eles. A crítica construtiva e o conselho sábio são extremamente preciosos. Devem ser sempre buscados e altamente valorizados.

Entretanto, devemos separar-nos dos indivíduos negativos, dos "não dá para fazer", que encontramos no caminho do sucesso.

Segundo um antigo provérbio chinês: "O homem que diz que algo não pode ser feito não deve interromper aquele que já está fazendo".

RECONHECER OS ERROS É UMA VIRTUDE

"Pouco conhecimento faz com que as pessoas se sintam orgulhosas. Muito conhecimento, que se sintam humildes. É assim que as espigas sem grãos erguem desdenhosamente a cabeça para o Céu, enquanto que as cheias as baixam para a terra, sua mãe."

– **Leonardo di Ser Piero da Vinci (1452 – 1519),** destacou-se como cientista, matemático, engenheiro, inventor, anatomista, pintor, escultor, arquiteto, botânico, poeta e músico.

É difícil desenvolver uma atitude de humildade e reconhecer os próprios erros numa cultura litigiosa. Em outras palavras, raramente se encontra uma atitude de arrependimento numa sociedade competitiva. Quase ninguém diz: "Estou errado. Sinto muito; por favor, me perdoe." Pelo contrário, com que frequência ouvimos: "Vou processar você! Vou levá-lo ao tribunal!"

Dou a seguir um exemplo clássico de como o nosso mundo pensa. Não se trata apenas de uma história real, como também de uma história ganhadora do primeiro prêmio da competição dos advogados criminalistas dos Estados Unidos da América do ano de 2002.

Um advogado de Charlotte, Carolina do Norte, comprou uma caixa de charutos muito raros e de alto preço, colocando-a no seguro contra incêndio, entre outras coisas. Depois de um mês, tendo fumado todos os charutos e sem haver pago sequer a primeira parcela da apólice, o advogado abriu um processo contra a seguradora.

Em sua acusação, ele afirmou que os charutos foram perdidos "em uma série de pequenos incêndios". A seguradora recusou-se a pagar, citando a razão óbvia: o fato de o homem haver consumido os charutos de maneira normal era óbvio.

O advogado recorreu e ganhou a causa!

Ao dar a sentença, o juiz concordou com a seguradora que a reivindicação era frívola. O juiz afirmou, mesmo assim, que o advogado possuía uma apólice da empresa, na qual ela garantiria que os charutos podiam ser cobertos por seguro e também declarara que eles seriam segurados contra incêndio, sem definir o que era considerado como incêndio inaceitável, e foi obrigada a pagar o seguro.

Em lugar de se sujeitar a um processo demorado e caro, a seguradora aceitou a sentença e pagou US$ 15.000 ao advogado pela perda dos charutos raros desaparecidos nos "incêndios".

Agora a melhor parte... Depois de o advogado receber o cheque, a seguradora conseguiu que ele fosse preso mediante 24 acusações de "incêndio culposo"! Por meio de sua própria reivindicação e de seu testemunho do processo anterior, que foram usados contra ele, o advogado foi condenado por queimar intencionalmente a propriedade segurada e sentenciado a 24 meses de cadeia e pagamento de uma multa de US$ 24.000.

Tente ser um exemplo para seus subordinados, colegas de trabalho, alunos, filhos, pais, cônjuges etc. É de admirar que as palavras "desculpe-me eu errei" ou "eu me arrependo" sejam raramente ouvidas nestes dias.

Uma boa maneira de conseguir manter um ambiente harmonioso e o comprometimento das pessoas é tendo uma atitude de humildade, em que frases como: "Sinto muito. Perdoe-me. Nunca mais farei isso, prometo! Nunca mais me apoiarei em boatos, ou migalhas de ouvir dizer", sejam ditas com sinceridade. Então não haverá lugar para mágoas e ressentimentos ou conflitos acomodados.

TENTAR NOVAMENTE

"O que conta não é o crítico, aquele que diz em que ponto o forte tropeça ou em que aspecto alguém poderia ter feito melhor. O crédito pertence ao homem que de fato ocupa a arena. [...] Que, na melhor das hipóteses, no final conhece o triunfo da grande conquista, e na pior, se fracassar, ao menos fracassou por ter ousado muito. De forma que seu lugar jamais será entre as almas tímidas e inexpressivas que não conhecem nem vitória, nem a derrota."

– *Theodore Roosevelt (1858 – 1919),*
25º e 26º presidente dos Estado Unidos.

Bethany Meilani Hamilton é uma surfista norte-americana que sobreviveu a um ataque de tubarão em 2003 e teve seu braço esquerdo amputado. Bethany tinha apenas 13 anos na época.

Apesar da gravidade da lesão, Bethany recusou-se a deixar que esse acidente trágico a derrotasse. Apenas dez semanas após o ataque, ela voltou a competir em um encontro da Associação Nacional de Surfe Estudantil e chegou em quinto lugar na categoria da sua idade. Desde então, ela tem compartilhado sua história inspiradora de superação de uma perda trágica em diversos programas televisivos.

Problemas e desgraças inesperadas são parte da vida, e podem ocorrer aparentemente do nada. Essa garota preciosa exemplifica a atitude de "recuperação rápida" que uma pessoa deve ter, a fim de continuar uma vida com significado e realizações.

Muitas vezes as pessoas assumem o papel de vítimas, como resposta a ocorrências negativas. Essa perspectiva baseia-se na crença de que "alguma coisa está sendo feita – ou foi feita – para mim e deixou-me permanentemente ferido, sem capacidade para vencer".

Existe um preço alto a pagar para se viver como vítima. Você pode descobrir que a vida estagnou. Achar-se incapaz de explorar seu verdadeiro potencial ou conquistar as coisas que importam na vida. Acrescente-se ainda a perda de respeito por parte dos outros. Isso tudo torna muito difícil a vida com essa mentalidade de vítima.

Então, como podemos evitar ou escapar dessa abordagem ruim para os incidentes negativos? Veja quanto custa para você e aqueles que você influencia essa história de ser vítima. Determine que não vai deixar que os incidentes negativos se tornem momentos decisivos na sua vida.

Outra estratégia é a da abordagem que Bethany escolheu. Focalize aquilo que você ainda tem, não o que perdeu. À medida que você colocar, continuamente, a sua atenção e energia no que ficou, logo um entusiasmo e uma alegria renovados surgirão do seu interior, e novos sonhos emergirão. Por exemplo, os amigos de Bethany dizem que ela "mostra o que ficou do seu braço".

Não permita que acidentes, fracassos passados ou feridas emocionais profundas limitem a sua vida e reprimam o seu futuro. Tome já a decisão de ultrapassá-los e de abraçar as coisas boas que o aguardam.

Nenhum sonho é perdido sem o potencial de ser substituído por um novo sonho. O novo sonho não pode ser encontrado remoendo o que poderia ter acontecido, ou que nós achamos que poderia ter acontecido. Ele só pode ser encontrado se concentrando no que existe, no que nós temos e no que nós podemos nos tornar.

BUMERANGUE

"Assim como o sol derrete o gelo, a gentileza evapora mal-entendidos, desconfianças e hostilidade."

– *Albert Schweitzer (1875 – 1965),*
teólogo, músico, filósofo e médico alemão. Venceu o Nobel da Paz em 1952.

O continente da Austrália nos legou muitas coisas estranhas. Isolado há milhões de anos do resto do mundo por um vasto oceano, até sua vida animal desenvolveu formas estranhas. Por exemplo, o canguru. E o ornitorrinco, um animal peludo com bico de ganso, que bota ovos e se alimenta de minhocas.

Seus povos nativos têm costumes e invenções próprias e peculiares. Destas, o mais famoso é o bumerangue. É um "pedaço de pau que vai e volta". Quando é atirado por alguém que tenha prática, o bumerangue, que é apresentado em vários formatos, pode percorrer grandes distâncias e voltar para a mão de quem o atirou. Alguns australianos são tão experientes no manuseio, que conseguem caçar pássaros para se alimentar. E ele volta para as mãos de quem atirou.

A nossa conduta, a nossa forma de agir, é semelhante ao bumerangue. Porque a delicadeza tem uma forma de retornar àqueles que são delicados. Você provavelmente conhece a fábula do leão e do camundongo. Um dia, um leão faminto pegou um ratinho que implorou-lhe pela sua vida, dizendo: "Sou tão pequeno para sua fome, oh, grande leão. E além disso, talvez, um dia, eu possa lhe fazer um favor". O leão caiu na risada e soltou o camundongo.

Algum tempo depois, o leão caiu preso em uma rede. E quem você pensa que roeu as cordas da rede e salvou o leão? O camundongo, lógico.

Geralmente ficamos relutantes e até medrosos de sermos gentis. Para muitos de nós, os heróis do cinema e da televisão são os nossos modelos de comportamento rude, pensamos que devemos ser como essas "estrelas". Porém, essa ideia é infantil e boba.

Porque os verdadeiramente grandes, os verdadeiros destemidos, são os mais gentis. E estes são recompensados com as coisas que lhes acontecem. São premiados com a gentileza dos outros. Quando há uma vaga no emprego, ou apenas uma oportunidade para um determinado progresso, ou uma chance para acompanhar um amigo em alguma viagem ou a um evento especial, geralmente o primeiro a ser chamado é o amigo que demonstrou maior delicadeza com relação aos outros.

Quando vemos os grandes líderes do mundo, do passado ou do presente, sempre lembramos em primeiro lugar daqueles que agiram para o bem de todos e foram delicados com os outros.

A delicadeza, como um bumerangue, volta para aqueles que são delicados. Talvez leve anos. Talvez a delicadeza volte de uma direção diferente do que aquela para onde lançamos a nossa. Mas ela irá voltar.

Nunca estará perdida.

IMPOSSÍVEL?

"Imaginação é o olho da alma."

– *Joseph Joubert (1754 – 1824),*
escritor e ensaísta francês.

"Isso não pode ser feito. Não dá. Já tentei. Não, isso é impossível."

Palavras e frases como essas fazem tudo parar, além de eliminar a criatividade. A repetição de uma prática e o conhecimento acadêmico muitas vezes nos levam a dizer coisas que sufocam o aprendizado que tiramos das experiências da vida. Parece que alguns de nós têm o dom de "deixar para lá" – achamos que é perda de tempo tentar algo novo. Mas o que aconteceria se eliminássemos de nosso vocabulário palavras relacionadas a impossibilidades? E se as substituíssemos por expressões que mostram flexibilidade, como "Vamos tentar mais uma vez"?

Nem tudo é possível nesta vida, mas frequentemente desistimos porque é mais cômodo. Não é mais fácil supor que o problema não pode ser resolvido, do que investir tempo e energia procurando uma solução? Não é mais fácil desistir de algum conflito com alguém que é difícil, do que tentar entrar em acordo com essa pessoa? "Impossível" é uma palavra bem conveniente.

No começo do século XX, alguém teve a ideia de desenvolver o paraquedas. Você não adoraria estar ao lado do inventor quando ele tentou explicar pela primeira vez sua ideia? Você consegue imaginar a expressão no rosto das pessoas? Seus comentários? O inventor, felizmente, não conhecia a palavra IMPOSSÍVEL.

Ele tentou; com certeza houve falhas, mas ele se manteve firme, persistiu. Hoje em dia, os paraquedas são usados para salvar vidas.

Você já ouviu a frase: "Impossível é o que não foi tentado"? Muito do que desfrutamos hoje em nossa casa ou fora dela não estaria lá se os inventores tivessem dado ouvidos às pessoas que diziam "isso é impossível".

Talvez você seja impedido por membros da família, pessoas do trabalho ou colegas da faculdade que dizem: "Isso é impossível!" Será que eles sabem realmente o que estão falando?

Impossível nada mais é do que um conceito que existe na mente das pessoas. Impossibilidade pode ser apenas a opinião de alguém. Muitas coisas que, no passado, foram consideradas impossíveis, hoje se tornaram lugar comum. Pense em tantas coisas que você usa na sua vida diária, que não poderiam sequer ser imaginadas há apenas dois séculos.

A realidade é que, tendo o tempo suficiente, compromisso, esforço, disciplina e propósito, o impossível pode muito bem se tornar uma exuberante realidade. Aquilo que era inatingível para qualquer pessoa, hoje se tornou disponível para qualquer um.

Existem coisas na sua vida com as quais você nem sequer ousa sonhar simplesmente porque você imagina que é impossível? Ouça: olhe para muito além da sua limitada perspectiva; vá para além das suas limitadas deduções e entenda que o impossível tem se tornado uma realidade comum numa base diária. Portanto, sonhe os seus ardentes sonhos; confie-os a Deus e deixe o conceito da impossibilidade muito longe de você.

CONSELHOS

"Não é bom ouvir os conselhos de quem não sabe cuidar de si mesmo."

– *Esopo (Séc. VII – VI a.C.),*
escritor da Grécia antiga.

Nem todo conselho é bom – nem mesmo quando quem o dá, pensa que é o conselho certo. Algumas vezes ele é dado com toda sinceridade, mas continua falho. Isto me fez lembrar uma história que me foi contada recentemente.

Um homem terminara de almoçar e estava em seu carro, dirigindo-se para o compromisso seguinte. Sua mente reportou-se à noite anterior. Ele começou a ficar perturbado com a briga séria que tivera com a mulher. Era um daqueles conflitos contínuos, não solucionados, e decidiu então que estava na hora de fazer as pazes. Ao sentir-se culpado por algumas das coisas que dissera, o homem pegou o celular e teclou apressado para casa em meio a um congestionamento de trânsito.

Quando a empregada atendeu ao chamado, ele disse: "Quero falar com minha mulher." Ela respondeu: "Ela me falou que não queria ser interrompida neste momento". Curioso, ele perguntou: "Não quer ser interrompida?" A empregada disse: "É verdade, ela está lá em cima com o namorado e avisou que não quer ser perturbada." Furioso, o marido perdeu a cabeça. "Você sabe onde guardo minha espingarda? Vá buscá-la, coloque duas balas, suba e mate os dois."

Ela colocou o telefone na mesa, pegou a espingarda de dois canos e subiu as escadas. Ele ouviu os dois tiros e esperou. A moça desceu, pegou calmamente o telefone e disse: "Está feito. Eles estão mortos. O que você quer que eu faça com os corpos?" Ele falou: "Jogue-os na piscina e eu cuido do resto quando chegar." Ela disse: "Não temos piscina." Houve uma pausa e o homem perguntou: "É do 9 9126 5571?"

Nem todo conselho é um bom conselho. Nem mesmo quando a pessoa que dá, pensa que é o conselho certo.

Cada pessoa que está lendo este texto já recebeu um mau conselho. Você prestou atenção enquanto ouvia. Seguiu o conselho recebido e depois sofreu consequências. Por outro lado, todos nos beneficiamos dos bons conselhos de alguém. Estávamos inseguros e confusos, então procuramos alguém em quem confiávamos. Recebemos bons conselhos, nós os aplicamos e tiramos proveito dos benefícios.

Na próxima vez em que se dispuser a ouvir um conselho, antes de segui-lo, procure saber as qualificações, experiência e valores de seu conselheiro. Se ele tiver as credenciais necessárias, não hesite em seguir seus conselhos.

CUIDADO COM OS PESSIMISTAS

"Não sou nem otimista, nem pessimista. Os otimistas são ingênuos, e os pessimistas amargos. Sou um realista esperançoso. Sou um homem da esperança. Sei que é para um futuro muito longínquo. Sonho com o dia em que o sol de Deus vai espalhar justiça pelo mundo todo."

– *Ariano Suassuna (1927 - 2014),*
dramaturgo e poeta brasileiro, ocupava desde 1990 a
cadeira número 32 da Academia Brasileira de Letras.

Todas as manhãs, um empresário comprava o jornal na mesma banca. Toda manhã dava um grande sorriso e um simpático bom-dia ao jornaleiro. E todas as manhãs, o jornaleiro o ignorava. Um dia, um colega – que quase sempre observava esse ritual – perguntou:

– Por que você insiste em ser tão amigável com o jornaleiro? Ele nunca fala com você!

O empresário respondeu:

– Não vou deixar que aquele sujeito determine a forma como vou agir durante o dia.

Todos os dias, nosso comportamento é desafiado por outras pessoas e pelos acontecimentos externos. Como você reage? Permite que as adversidades e obstáculos o impeçam de seguir em frente? Ou olha a situação de forma objetiva e encontra a lição que pode ser aprendida ou a atitude que pode ser tomada para modificar as circunstâncias? Você deixa que uma pessoa negativa influencie seu dia, sua vida? Ou se lembra das palavras de Eleanor Roosevelt, quando disse que ninguém pode fazê-lo sentir-se inferior sem seu consentimento?

Uma das boas maneiras que você pode usar para lidar com o pessimista é simplesmente dizer "obrigado por sua opinião".

E não deixar-se afetar pela opinião e perspectiva deste candidato ao fracasso.

SEJA UM REALISTA ESPERANÇOSO!

Como é uma pessoa realista esperançosa? Eis uma boa descrição:

"Seja forte a ponto de nada poder perturbar sua paz de espírito. Fale de saúde, felicidade e prosperidade com todos os que encontrar. Faça todos os seus amigos sentirem que você lhes aprecia as boas qualidades e os pontos fortes. Veja o lado luminoso de todas as coisas. Pense somente no melhor, esforce-se apenas para o melhor e espere somente o melhor. Fique tão entusiasmado com sucessos dos outros quanto com o seu próprio. Esqueça os erros do passado, empenhe-se em alcançar maiores realizações no futuro. Sorria para todo mundo. No tempo que você gastaria criticando os outros, ocupe-se com autoaprimoramento. Seja suficientemente grande para não se preocupar e bastante nobre para não sentir raiva.

EDITANDO SUA VIDA

"Não se pode mudar tudo aquilo que se enfrenta, mas nada pode ser mudado sem que seja enfrentado."

– *Franklin Delano Roosevelt (1882 – 1945),*
32º *presidente dos Estados Unidos.*

Os filmes da Disney são conhecidos por todo o mundo como os melhores desenhos animados, mas o estúdio não ganhou essa reputação facilmente. Uma das razões por que esse nível de excelência foi alcançado tem a ver com o próprio fundador. Walt Disney não vacilava ao cortar qualquer "coisa" que entrasse no caminho da história que se desenvolvia.

Ward Kimmball, um dos desenhistas de Branca de Neve, lembra de ter trabalhado por 240 dias sobre uma sequência de quatro minutos. Os anões faziam uma sopa para Branca de Neve, quase destruindo a cozinha no processo. Disney achou a cena engraçada, mas concluiu que ela interrompia o fluir do filme e, assim, ela foi cortada.

Muitas vezes, nos encontramos fazendo coisas "boas" que são não apenas desnecessárias, mas também uma digressão da história de nossa vida. Como a cena da sopa, muitas dessas coisas valem a pena ou entretêm, mas carecem dos elementos essenciais para serem o melhor que podemos fazer com o tempo e com o potencial que o Criador nos deu.

Em alguns casos, a vida fica tão cheia desses "compromissos", que não temos espaço para as coisas essenciais que nos levarão a alcançar nossos objetivos pessoais, profissionais, familiares e espirituais.

Da próxima vez que lhe pedirem para fazer outra "boa cena", pergunte-se a si mesmo:

— Isso se encaixa com o plano, projeto ou sonho que eu tenho para minha vida?

— Essa tarefa me fará uma pessoa melhor?

— Posso fazer isso sem subtrair do tempo que separei para os meus projetos?

Enquanto você reflete sobre o resto do seu dia, considere isto: quando o filme de sua vida for exibido, ele será tão bom quanto poderia ser? Muito dependerá da quantidade de coisas boas que você cortará da sua vida em favor das coisas ótimas que tornarão sua vida uma obra de arte.

ERA OU SALTAR OU FRITAR...

"Arriscar-se é perder o pé por algum tempo. Não se arriscar é perder a vida..."

– *Søren Kierkegaard (1813 – 1855),*
filósofo e teólogo dinamarquês.

Às nove e meia em uma noite de julho de 1988, uma grande explosão seguida de um catastrófico incêndio ocorreu na velha plataforma de perfuração de petróleo *Piper Alpha*, no Mar do Norte, na costa da Escócia. Cento e sessenta e seis membros da tripulação e dois socorristas perderam a vida na pior catástrofe da história de 25 anos de exploração de petróleo do Mar do Norte. Sessenta e três membros da tripulação sobreviveram, um deles foi o superintendente da plataforma, Andy Mochan.

De sua cama no hospital, ele disse ter sido despertado pela explosão e o som dos alarmes. Ele falou que correu de seus aposentos até a borda da plataforma e saltou o equivalente a 15 andares a partir da plataforma até a superfície da água.

Por causa da temperatura da água, ele sabia que, se não fosse resgatado, ele não sobreviveria mais do que 20 minutos. Além disso, o petróleo tinha se espalhado na superfície e se inflamado. Contudo, Andy saltou quase 50 metros no meio da noite em um mar de petróleo em chamas e destroços.

Quando perguntado por que ele se arriscou em um salto que potencialmente seria fatal, ele não hesitou: "Era ou saltar ou fritar". Ele escolheu uma possível morte em vez de morte certa.

Considere o seguinte:

Ele não saltou porque se sentiu confiante de que ele sobreviveria.

Ele não saltou porque parecia uma boa ideia.

Ele não saltou porque ele pensou que poderia ser uma atitude inteligente.

Ele não saltou porque seria uma experiência para crescimento pessoal.

Ele pulou porque ele não tinha escolha – o preço de permanecer na plataforma, de manter o *status quo*, era muito alto.

Permanecer na plataforma, na zona de conforto da inatividade não é uma opção, porque o preço pode ser muito elevado.

É saltar ou fritar, você escolhe!

VOCÊ É MAIS FORTE DO QUE PENSA!

"Carregamos dentro de nós as coisas extraordinárias que procuramos à nossa volta."

– *Sir Thomas Browne (1605 – 1682),*
escritor inglês.

Provavelmente você já conhece a história, vou apenas relembrá-lo.

Um leão feroz e poderoso dominava a floresta. Seu tamanho e porte majestoso o tornaram inacessível, e ele era temido por todas as outras criaturas em seu reino. De uma distância segura, eles observavam sua forma muscular bem definida e poderosa mover-se ao longo de trilhas na floresta, e sua bravura respeitável se tornou uma lenda.

Um dia, o leão deparou-se com uma criança que nunca ouvira sobre ele e seu terrível poder. A criança aproximou-se inocentemente e, veja só, o leão se assustou e escondeu-se atrás de uma árvore, tremendo de medo.

– O que houve? – perguntou gentilmente a menina.

O leão tremia tanto que mal conseguia falar.

– Eu... Eu estou com medo.

– Mas é um leão. Eu achava que leões eram bravos e fortes.

– Eu não – respondeu o leão, com tristeza. – Todos acham que sou poderoso e destemido, mas tudo me assusta. Eu não sou forte.

– Pobrezinho. Estou a caminho para ver um homem sábio que deve ser capaz de ajudá-lo. Ouvi que ele pode fazer coisas maravilhosas.

– Você acha mesmo que ele pode me tornar forte e corajoso?

– Vamos lá para ver.

Então lá se foram o leão e a menina para encontrar o homem sábio que poderia tornar o leão forte. Quando o encontraram, o sábio olhou o leão nos olhos e disse: "Você foi forte e corajoso o tempo todo. Mas aqui está uma medalha que irá lembrá-lo de que a força que procura já está em você".

A essa altura, você já deve ter percebido que se trata de uma cena do memorável filme O *Mágico de Oz*, de L. Frank Baum. Talvez também se lembre de que o Mágico presenteou os três companheiros de Dorothy: ele deu um coração ao Homem de Lata e um diploma ao Espantalho, considerando-o "oficialmente" inteligente. Mas o Leão covarde recebeu apenas um lembrete palpável do que já estava dentro dele, pronto para ser reconhecido. O Mágico poderia ter dito ao Leão covarde: "Você é mais forte do que pensa".

A AMIGA MUDANÇA

"O que a lagarta chama de o fim do mundo, o mestre chama de borboleta."

— *Richard Bach (1936 –),*
piloto e escritor americano.

Mudança. Espero que esta palavra não o assuste, mas o inspire. Hebert Spencer[1] disse:

"Um ser vivo se distingue de um morto pela multiplicidade de transformações que se realizam nele em todo momento." A mudança é a evidência de vida. É impossível crescer sem se transformar. As pessoas que não conseguem mudar de mentalidade não conseguem mudar nada. A verdade é: a vida está sempre em algum ponto de mutação.

O que as pessoas querem é o progresso, desde que o obtenham sem mudança. Impossível! É preciso mudar e reconhecer que a mudança é nossa grande aliada. O indivíduo que nunca muda de opinião jamais corrige seus erros. O fato é que o caminho do sucesso está sempre em construção.

A fórmula de sucesso de ontem em geral é a receita do fracasso de amanhã. Reflita no que Thomas Watson, fundador da IBM Co., disse: "O mercado mundial tem capacidade para cerca de cinco computadores

---

1 Herbert Spencer (1820 – 1903), filósofo inglês e um dos representantes do liberalismo clássico. Spencer foi um profundo admirador da obra de Charles Darwin.

pessoais". Onde estaria hoje a IBM se o Sr. Watson não estivesse disposto a mudar?

Não se pode vir a ser aquilo a que se está destinado, permanecendo aquilo que se é. John Patterson disse: "Só os tolos e os mortos não mudam de mentalidade. Os tolos não mudam. Os mortos não conseguem". Se você não leva em consideração a necessidade de mudança, pense nisto: quanta coisa você já viu que mudou só no ano passado? Quando você se transforma, as oportunidades se transformam. O mesmo tipo de pensamento que o levou onde você está, não o levará necessariamente aonde você quer ir.

Não tenha medo da mudança, pois ela é uma lei imutável do progresso. O homem que emprega métodos de ontem no mundo de hoje não estará mais no mundo dos negócios amanhã.

Quando se rompem tradições e modelos, surgem novas oportunidades. Defender seus erros e suas faltas apenas prova que você não tem intenção nenhuma de abandoná-los. Todo progresso se deve àqueles que não ficaram satisfeitos com o "assim está bom". Estas pessoas não tiveram medo de mudar. A mudança não é nenhum inimigo – é sua amiga.

OBRIGADO!

"O coração grato atravessa o dia e, como o ímã encontra o ferro, ele encontrará algumas bênçãos celestiais a qualquer hora!"

– *Henry Ward Beecher (1813 – 1887),*
pastor e editor americano.

No auge de sua carreira, Mark Twain, o grande escritor americano, ganhava cinco dólares por palavra pelos artigos que escrevia. Um de seus críticos mandou-lhe uma nota de cinco dólares com um bilhete que dizia: "Caro Dr. Twain, por favor, envie-me uma boa palavra".

Em uma folha de papel, Mark Twain respondeu: "Obrigado!"

A palavra "obrigado" é uma boa palavra, porque ser grato ajuda-nos a nos mantermos ligados às pessoas e coisas boas da vida, a reconhecê-las e apreciá-las por quem e pelo que são. Quando dizemos "obrigado", reconhecemos que não podemos fazer tudo sozinhos.

Somos dependentes de outras pessoas, e isso não é um coisa ruim! É a maneira como Deus nos fez.

"Obrigado" também é uma boa palavra porque ser grato abre caminho para a felicidade – e para Deus.

Uma jovem mulher contraiu uma doença que a deixou paralisada e quase sem voz. Um dia, uma assistente social insensível perguntou-lhe se ela não iria morrer logo. Com o rosto radiante que brilhava de felicidade, a jovem sussurrou de sua cadeira de rodas: "Eu não perderia estar viva por nada. Agradeço a Deus por cada minuto, até mesmo pelos mais difíceis".

Seja grato pelas bênçãos que Deus colocou em sua vida: família, amigos, abrigo, roupas, trabalho produtivo, alegria nas pequenas coisas e, até mesmo, pelas dificuldades que o aproximam Dele. Se você quiser dar a alguém uma boa palavra hoje, diga: "Obrigado".

QUANDO VOCÊ PASSAR PELO INFERNO, NÃO PARE PARA TIRAR FOTOGRAFIAS

"Autocomiseração é o hábito de sentir pena de nós mesmos, dó de si próprio... a autocomiseração é uma morte da qual não se pode ressuscitar, é um buraco negro do qual nenhuma mão pode resgatá-lo, porque você escolheu ser engolido por ele."

– **Elisabeth Elliot (1926 –)**,
escritora e palestrante belga.

Algumas pessoas têm-me dito: "Entendo o que você está dizendo a respeito de procurar o que é correto, mas você não pode negar que existem problemas! Sempre haverá problemas. Como você lida com os problemas na prática?"

Claro que existem problemas, e todo problema precisa ser resolvido. Você precisa encará-los de cabeça erguida e resolvê-los com coragem. Entretanto, eis um segredo que tem me ajudado muito ao longo dos anos: sempre que você falar sobre os problemas, fale como se a situação estivesse mudando.

Alguém diz: "Você tem um problema." Sua resposta deveria ser: "Sim, mas isso está mudando!" Outra pessoa diz: "Você tem problemas financeiros." Sua resposta? "Sim, mas isso está mudando!" Quando alguém lhe disser: "Ei! Você tem um emprego ruim" diga: "Sim, mas isso está mudando!"

Quando você fala sobre os problemas como se estivessem mudando, você vê uma luz no fim do túnel. Essa é uma indicação positiva de que você está crescendo.

Contudo, se alguém disser: "você tem problemas financeiros", e você responder: "Cara, eu sempre tenho problemas financeiros! Sempre tive problemas financeiros e provavelmente sempre terei problemas financeiros", essa atitude agirá como imã, atraindo a depressão e o ceticismo. Ela inibirá sua habilidade criativa de resolver os problemas e fará com que você permaneça imóvel, deixando-o perpetuamente nesse estado de necessidade financeira.

Você terá problemas por toda parte, mas não permita que seus olhos fiquem focados nesses problemas. Procure soluções. Desenvolva uma perspectiva nova – um novo ponto de vista acerca de seus problemas. Resolva-os; não viva neles. Parece bom, às vezes, que os outros sintam dó de nós, e muitos procuram motivos para permanecer em circunstâncias infelizes. Mas não o faça.

O fracasso não acontece quando você é nocauteado, mas quando recusa a se levantar. Não permaneça nos pântanos do desespero. Aprenda a recuperar-se rapidamente.

Certa vez, alguém me disse: "Quando você passa pelo inferno, não para para tirar fotografia".

Eu concordo!

A ARTE DE SE DAR BEM COM AS PESSOAS

"O futuro não depende das ciências físicas.

Depende de quem está tentando compreender e lidar com as interações entre os seres humanos."

– *Carl Rogers (1902 - 1987),*
psicólogo americano.

Mais cedo ou mais tarde, o ser humano, se for sábio, descobre que a vida é uma mistura de dias bons e ruins, vitórias e derrotas, generosidade e humildade. Aprende que não compensa ser uma alma melindrosa, e que não deve esquentar a cabeça com tudo. Aprende que aquele que se irrita à toa geralmente é o mais prejudicado, e que todos os seres humanos, de vez em quando, precisam comer pão duro, e que não vale levar o mau humor dos outros a sério o tempo todo.

Aprende que ser muito suscetível é a maneira mais fácil de se meter em encrencas; que o jeito mais rápido de se tornar uma pessoa antipática é passar fofocas adiante; que não assumir responsabilidades costuma ter o mesmo efeito dos bumerangues; que não importa tanto quem fica com o crédito, desde que o trabalho seja bem feito.

Aprende que a maioria das outras pessoas é tão ambiciosa quanto ele, que elas têm um cérebro tão bom quanto o dele; que o trabalho duro e não a malandragem é o segredo do sucesso. Aprende que ninguém chega sozinho a lugar nenhum, e que só por meio de esforços conjuntos podemos alcançar o melhor.

Percebe – em resumo – que *a arte de se dar bem* depende cerca de 98% de seu próprio comportamento em relação aos outros.

RESTAURADO PELO MESTRE

"Criastes-nos para Vós, Senhor, e o nosso coração vive inquieto enquanto não repousa em Vós."

– *Agostinho de Hipona (354 d.C. – 430d.C.),*
um dos mais importantes teólogos e filósofos dos primeiros anos do cristianismo.

Em uma remota vila na Suíça havia uma bela igreja. Era conhecida como Mountain Valley Cathedral. A igreja não era apenas bonita de ser contemplada, com seus altos pilares e suntuosas janelas de vidros decorados, mas tinha o órgão de tubos mais incrível de toda região. As pessoas vinham de lugares mais distantes, até mesmo de outros países para ouvirem os lindos sons que ecoava daquele órgão.

Um dia, surgiu um problema. Apesar das colunas ainda estarem lá e as janelas ainda deslumbrarem as vistas de seus apreciadores com a luz do sol, um lúgubre silêncio tomava conta do vale. A área não desfrutava mais do eco da gloriosa e afinada música do órgão de tubos.

Músicos e especialistas de todo mundo tentavam consertar o instrumento. Toda vez que uma pessoa tentava consertá-lo, os moradores da vila ficavam sujeitos aos sons da desarmonia e dos ruídos terríveis que pareciam poluir o ar.

Um dia, um velho homem apareceu na porta da igreja e passou a conversar com o diácono. Passado algum tempo, o diácono, relutante, concordou em permitir que o velho homem tentasse consertar o órgão. Por dois dias, o velho homem trabalhou em quase total silêncio, fazendo com que o diácono começasse a ficar um pouco irrequieto.

Após o terceiro dia, ao meio-dia precisamente, o vale mais uma vez se enchia da gloriosa música vinda do órgão de tubos. Os fazendeiros deixaram o arado, os comerciantes fecharam as lojas, todos da cidade pararam o que estavam fazendo e se dirigiram para a catedral. Mesmo os arbustos e as árvores nos topos das montanhas pareciam reagir à medida que a música gloriosa ecoava exultante atravessando o vale.

Depois que o velho homem havia terminado de tocar, uma alma corajosa lhe perguntou como havia restaurado o magnificente instrumento, quando vários especialistas de todo mundo não haviam conseguido. E o homem tão somente disse:

- Fui eu quem construiu este órgão há cinquenta anos. Eu o criei e agora o restaurei.

Deus criou você e sabe exatamente o que você precisa para a sua vida completa. Como seu criador, Ele pode restaurá-lo no final de um dia ou de uma jornada desgastante, para que você possa tocar a música de forma esplendida amanhã.

Deus criou você e sabe exatamente o que você precisa.

SIGA SEU CAMINHO

"Sem chance. Seis metros de asfalto.
Vinte automóveis por minuto.
Cinco caminhões. Um trator.
Uma carroça.
A lagarta não sabe nada de automóveis.
Não conhece a largura do asfalto.
Não sabe nada de pedestres,
ciclistas, motociclistas.
A lagarta só sabe que no outro lado
há verde. Magnífico verde,
presumivelmente comestível.
Ela tem desejo de verde.
Vamos atravessar.
Sem chance. Seis metros de asfalto.
Ela parte.
Parte com seus tocos de pés.
Vinte automóveis por minuto.
Anda sem pressa. Sem medo.
Sem tática.
Cinco caminhões. Um trator.
Uma carroça.
Parte e anda e anda e anda e chega."

– *Rudolf Otto Wiemer (1905 – 1998),*
poeta e educador alemão.

A lição do poema é clara, embora possa ser mal interpretada sob dois aspectos. Diz mais ou menos o seguinte: "Siga o seu caminho, sem se desviar por nenhuma dificuldade! Vá sem hesitação e sem medo!"

Será isso um convite para a leviandade? Ou até para ceder irrefletidamente aos desejos do momento? Certamente não. Aqui não se trata da chance de sobrevivência de insetos que procuram alimento em autoestradas. O símbolo põe a lagarta diante do maravilhoso verde comestível, da mesma forma como o ser humano se encontra frente a um objetivo que o chama profundamente, cuja visão antecipada lhe dá forças. O desejo de alimento da lagarta é o correspondente animal da busca de sentido por parte do ser humano. Por isso, guiada pela intuição, "ela" tem que ir para lá, atravessando a zona de perigo, de desvios e possível fracasso...

TENHA ÊXITO – LEIA!

"Os analfabetos do próximo século não são aqueles que não sabem ler ou escrever, mas aqueles que se recusam a aprender, reaprender e voltar a aprender."

– *Alvin Toffler (1928 –),*
escritor e futurista americano.

Depois de experimentar inúmeros fracassos nos negócios e na política, Abraham Lincoln ainda manteve o hábito de ler diariamente.

Um crítico escarneceu: "Que adianta tanta cultura? Ela nunca lhe deu uma vida adequada".

Lincoln pacientemente respondeu: "A formação e a cultura não são dadas para ganhar a vida. O que conta é aprender o que fazer da vida depois que você consegue ter uma vida conveniente".

Se você refletir, verá também que damos pouca atenção ao cultivo de nossas mentes. Surpreende-me que as pessoas leiam em média tão poucos livros por ano. Um dia resolvi perguntar para as pessoas, onde quer que fosse: "Que livro você está lendo no momento? Quantos livros leu no ano passado?" As respostas foram desoladoras. Eu leio vinte ou trinta livros por ano, às vezes cinquenta, ou quase um livro por semana. Não estou me gabando, estou simplesmente constatando um fato. Pensei que a maioria das pessoas estivesse perto dessa média. Mas verifiquei que elas se orgulham quando leem três ou quatro livros por ano.

Estudiosos defensores da leitura a consideram o fator social mais importante de nossa vida hoje. "Quanto mais se lê", concluem "mais esperto se fica. Quanto mais se fica esperto, mais tempo se fica na escola e mais dinheiro se ganha. Quanto mais dinheiro se ganha, melhor nossos filhos irão na escola. Por isso, se fisgar uma criança com a leitura, você vai influenciar não apenas o futuro dela, mas também o da geração seguinte".

Pesquisadores da leitura concordam. Há muito viram correlação entre o tempo que as pessoas gastam lendo e o número de ideias inovadoras e soluções criativas que elas têm. A leitura influencia a capacidade da pessoa raciocinar e se comunicar, dando-lhe um vocabulário preciso e extenso.

Passe algum tempo lendo hoje. Será um tempo bem empregado porque investir em seu crescimento pessoal influencia seu sucesso e seu futuro.

A CASA DO RANCOR

"Há quem guarde maus sentimentos como se fossem tesouros

Sem perceber que pérolas de rancor e mágoa nada adornam

Apenas lhes deixam a vida e a alma mais amargas.

Seja feliz: livra-te destas pérolas de rancor e mágoa

Te aparta deste tesouro que ninguém suporta."

– *Augusto Branco (1980 –)*,
poeta brasileiro nascido em Porto Velho – RO.

No ano de 1882, um executivo de Nova Iorque chamado Joseph Richardson era dono de uma faixa estreita de terra na avenida Lexington.

O terreno media um metro e meio de comprimento por trinta metros de largura. Hyman Sarner, outro executivo, era dono de um lote de medida padrão adjacente ao pequeno terreno de Richardson. Sarner desejava construir um prédio de apartamentos com vistas para a avenida, de modo que ofereceu mil dólares para Richardson vender o terreno estreito. Richardson ficou extremamente ofendido com a proposta e exigiu cinco mil dólares. Sarner recusou a contraoferta e Richardson saiu batendo a porta na cara do outro, chamando-o de sovina.

Sarner concluiu que o terreno permaneceria vazio e orientou o arquiteto do projeto a desenhar o prédio com as janelas voltadas para a avenida. Quando Richardson viu o prédio concluído, decidiu bloquear a vista. Ninguém haveria de desfrutar a vista acima do seu terreno.

Assim, o senhor Richardson, então com setenta anos, construiu uma casa de um metro e meio de comprimento por trinta metros de largura e quatro andares, com duas suítes em cada andar. Terminada a obra, ele se mudou para uma das suítes com a esposa.

Somente uma pessoa conseguia subir as escadas ou passar pelos corredores de cada vez. A maior mesa de qualquer suíte tinha apenas vinte centímetros de largura. Os fogões do lugar eram os menores fabricados na época. Certa vez, um repórter de jornal cuja cintura era mais avantajada ficou entalado em uma das escadas e, depois de dois inquilinos tentaram empurrá-lo para se soltar, sem sucesso, ele só conseguiu sair daquela situação constrangedora após ficar apenas com as roupas de baixo.

A construção ganhou o apelido de "Casa do Rancor". Richardson passou os últimos 14 anos da sua vida na casa estreita que parecia combinar com a sua cabeça estreita.

A "Casa do Rancor" foi posta abaixo em 1915.

Mas há muitas pessoas que constroem uma casa semelhante com os corredores estreitos edificados com os tijolos do rancor, rebocados com a argamassa do ressentimento. Nessa casa só há espaço para uma pessoa. A vida dos inquilinos dessa moradia se resume a um só objetivo: tornar alguém miserável. E os inquilinos conseguem estragar uma vida: a deles mesmos.

TER VISÃO

"O que parece ser o final pode ser o ponto de um novo começo."

– *Jim Stovall*[1] *(1958 –).*

Certa vez, Jim Stovall mergulhou na escuridão. Não foi por causa da falta de eletricidade. Ele tinha ficado cego. A doença ocular degenerativa que os médicos descobriram quando ele tinha 17 anos acabou manifestando-se.

Stovall mudou-se para um quarto de 3x4 metros no fundo da sua casa, não tendo ideia do que faria para o resto da vida. Ele confessou: "Meu mundo inteiro se reduziu àquele quarto. Entretanto, depois de meses, perguntei: 'Qual é a pior coisa que pode acontecer comigo se eu deixar este quarto?' ... Nenhuma delas me pareceu tão ruim quanto passar ali o resto da minha vida".

Naquele dia, ele andou quinze metros até a caixa do correio. Nada o deteve desde então. Como fundador da Narrative Television Network (Rede de Televisão Narrativa), todo ano ele produz versões narradas de mais de mil filmes e programas de televisão. Além disso, fala em grandes seminários três vezes por mês e escreveu 12 livros.

Em um dos seminários em que participou como palestrante, compartilhou: "Acordei uma manhã e perce-

---

1 Jim Stovall é autor de diversos livros, entre eles *A Dádiva mais Preciosa*, que já teve mais de 3 milhões de exemplares impressos e deu origem ao filme *O Presente*. Ele é ex-campeão olímpico de levantamento de peso e, apesar da cegueira, dono de um Emmy e do título de Empreendedor do Ano. Reconhecido por sua atuação humanitária, Jim é cofundador e presidente da rede NTN, que visa tornar o cinema e a televisão mais acessíveis aos portadores de deficiências visuais.

bi que não podia ver. Desde então, descobri que existe uma segunda cegueira que ataca muitas pessoas.

Ela não tem relação com um problema físico, mas sim com o fato de que a maioria das pessoas é desprovida da capacidade de extrair significado de sua vida – e de tornar-se as pessoas que deveriam ser".

A vista é uma função dos olhos; a visão é uma função do coração. Nada de bom foi feito sem essa força misteriosa chamada visão. A visão gera esperança em meio ao desespero e provê resistência nas adversidades... Sem visão, a vida seria um desenrolar da frustração cíclica dentro de um redemoinho de desespero. A visão é o fundamento da coragem.

Seu futuro não está à sua frente – ele reside dentro de você... A visão determina o seu destino e é a bússola da vida. É o pré-requisito da paixão e a fonte da persistência. Quando você tem visão, sabe como permanecer na corrida e completá-la.

Stovall diz: "Posso ter perdido a vista, mas no final das contas, ganhei uma visão maior do que a que eu tinha antes. Resolvi não deixar que a cegueira silencie minha ambição... ou a busca do meu destino pessoal. Ficar cego foi a melhor coisa que aconteceu".

NÃO PERCA AS OPORTUNIDADES DO AMANHÃ

"Um sonho é a sua visão criativa para o futuro da sua vida.

Um objetivo é o que você pretende, especificamente, fazer acontecer.

Sonhos e objetivos devem estar além do seu alcance atual, mas nunca fora do seu campo de visão.

Sonhos e objetivos são as prévias da própria vida."

– *Joseph Campbell (1904 – 1987),*
estudioso americano de mitologia e religião.

MULHER DE 92 ANOS CONSEGUE FINANCIAMENTO PARA 30 ANOS

UM BANCO NA AUSTRÁLIA LIBEROU PARA UMA MULHER DE 92 ANOS UM FINANCIAMENTO DE 30 ANOS PARA QUE ELA COMPRASSE SUA PRIMEIRA CASA. FOI A MULHER MAIS IDOSA A PARTICIPAR DE UMA TRANSAÇÃO COMO ESSA.

Esse episódio nos oferece um grande exemplo de alguém que está vislumbrando o futuro e com seus sonhos ativados e acesos. Encontro esta tendência mental de olhar para o futuro na vida de quase todos os vencedores e grandes empreendedores.

O escritor cristão John Mason escreveu sobre isso em um de seus livros: "Provavelmente, os episódios mais comuns na vida de uma pessoa sejam os erros e os fracassos passados. No decorrer da história, em algum ponto da sua vida, pessoas fantásticas fracassaram. Só aquelas que não tentam nada são as que nunca fracassam. As que fracassam, mas continuam sonhando e trabalhando alcançam vitórias".

Não perca as oportunidades do amanhã

John também disse: "Temos de aprender a lucrar com os erros passados, a focalizar adiante e investir no futuro". Qualquer que seja a força que o passado tiver sobre nós, ela pode ser quebrada. Deus não nos detém. É a nossa própria escolha que impede de mover-nos para frente.

Em seu livro *Um Inimigo chamado Mediocridade*, John Mason afirma: "Aqui está a chave para se livrar da opressão de fracassos, mágoas e erros do passado: Aprenda a lição, mas esqueça os detalhes".

John também diz: "O passado é história. Ele não tem vida – a menos que você fique insuflando vida nele continuamente.

Hoje é um excelente dia para você começar a remover aquelas algemas do passado e seguir rumo ao futuro".

Algum evento ou lembrança negativa do passado está impedindo você de ver as oportunidades positivas?

SIGA SEUS SONHOS

"Neil Armstrong, o primeiro ser humano a pisar na lua, proferiu uma frase emblemática, no momento em que se preparava para colocar os pés em solo lunar: 'Um pequeno passo para o homem, um gigantesco salto para a humanidade.' Pois essa é a ideia para começar seu projeto... Com pequenos passos e resultados expressivos. Então... vai dar o passo?"

– *Daniel C. Luz.*

Em 1974, Sylvester Stallone estava sem dinheiro, era um ator e roteirista desmotivado. Assistindo a uma luta de boxe, ele se inspirou em um lutador "João-Ninguém" que "conquistou a vitória" enfrentando o grande Muhammad Ali.

Ele correu para casa e em três dias de explosiva produção criativa chegou ao primeiro rascunho de um roteiro chamado *Rocky*.

Com seus últimos 106 dólares, Stallone submeteu seu roteiro a seu agente. Um estúdio ofereceu 20 mil dólares com Ryan O'Neal ou Burt Reynolds fazendo o papel principal. Stallone ficou entusiasmado pela oferta, mas queria representar o papel ele mesmo. Ele ofereceu-se para trabalhar gratuitamente. Então foi informado: "essa não é a maneira como as coisas funcionam em Hollywood". Stallone recusou a oferta embora precisasse desesperadamente de dinheiro.

Então, ofereceram a ele 80 mil dólares com a condição de que ele não representasse o papel. Ele recusou novamente.

Eles disseram a ele que Robert Redford estava interessado e que eles pagariam 200 mil dólares por seu roteiro. Ele recusou novamente.

Eles aumentaram para 300 mil dólares. Ele respondeu a eles que não queria atravessar sua vida perguntando "e se?".

Eles ofereceram 330 mil dólares. Ele disse a eles que preferia não ver o filme feito se não pudesse interpretar o papel principal.

Finalmente, concordaram em deixar que ele interpretasse o papel. Ele recebeu 20 mil dólares pelo roteiro mais 340 dólares por semana, que era o salário mínimo de ator. Após descontar despesas, taxas de agente e impostos, ele recebeu aproximadamente 6 mil dólares em vez de 330 mil dólares.

Em 1976, Stallone foi indicado para o prêmio da academia como melhor ator. O filme *Rocky* ganhou três Oscars: melhor filme, melhor diretor e edição de filme. A série *Rocky*, desde então, já acumulou mais de um bilhão de dólares, tornando Sylvester Stallone uma estrela de cinema internacional!

Siga seus instintos. Não largue suas armas. Não abandone seus sonhos, persevere.

Nada de muito importante acontece sem um sonho.

Para que algo realmente grande aconteça, é preciso que haja um sonho realmente grande.

LIDERAR OU FICAR A REBOQUE

"Ore como se tudo dependesse de Deus. Trabalhe como se tudo dependesse de você.[1]"

– *Agostinho de Hipona (354 d.C – 430 d.C),*
um dos mais importantes teólogos e filósofos dos primeiros anos do cristianismo cujas obras foram muito influentes no desenvolvimento do cristianismo e da filosofia ocidental.

Não procure proteger sua posição nem sua situação atual. Prefira ser uma pessoa que está na ofensiva, não na defensiva. As pessoas que vivem na defensiva jamais se elevam acima da média. Em vez disso, tome iniciativa. As pessoas tépidas, indecisas, nunca são seguras, independentemente de sua condição social, formação ou posição profissional.

Jamais permita que sua procura por equilíbrio se transforme em desculpa para não tomar a iniciativa única, radical e intrépida necessária para liderar. Muitas vezes, a tentativa de manter o equilíbrio na vida é, na verdade, uma desculpa para se manter na zona de conforto. Seja forte e corajoso.

Quando decidimos ficar na ofensiva, a atmosfera de nossa vida começa a mudar. Por isso, se você não gosta da atmosfera de sua vida, decida colocar-se na posição ofensiva. Assumir a ofensiva não é apenas uma ação realizada no exterior do indivíduo; é também uma decisão interior.

---

1 Há uma citação do jesuíta espanhol Inácio de Loyola em uma carta a um aristocrata chamado Jerome Vines, muito semelhante, que leva algumas pessoas a atribuírem a frase de Agostinho a Loyola.

Quando você de fato decidir ficar na posição ofensiva, mantenha impessoais todos os seus conflitos. Combata o problema, não a pessoa. Você vai descobrir que quando todas as suas razões são defensivas, sua causa quase nunca é bem-sucedida.

Estar na ofensiva e tomar a iniciativa são chaves mestras que abrem as portas da oportunidade em sua vida. Aprenda a criar o hábito de tomar a iniciativa e nunca comece seu dia na neutralidade. Toda manhã, quando se levantar da cama, deve pensar na ofensiva, assumir o controle de seu dia e de sua vida. Não fique como algumas pessoas que perdem uma hora da manhã e passam o resto do dia tentando recuperá-la.

Retraindo-se e ficando na defensiva, você normalmente aumenta o problema. A intimidação sempre precede a derrota. Se não tiver certeza de que caminho tomar, converse com Deus e, em seguida, caminhe com fé para a solução do problema.

Seja como os dois pescadores que ficaram presos por uma tempestade no meio de um lago. Um virou-se para o outro e perguntou: "Devemos pedir ajuda a Deus ou remar?" O sábio colega respondeu: "Façamos as duas coisas!" Isso é tomar a ofensiva. Lidere e não fique a reboque.

CICATRIZES

"Precisamos resolver nossos monstros secretos, nossas feridas clandestinas, nossa insanidade oculta. Não podemos nunca esquecer que os sonhos, a motivação, o desejo de ser livre nos ajudam a superar esses monstros, vencê-los e utilizá-los como servos da nossa inteligência. Não tenha medo da dor, tenha medo de não enfrentá-la, criticá-la, usá-la."

– **Michel Foucault (1926 – 1989),**
filósofo, teórico social, filólogo e crítico literário francês.

Suas cicatrizes são beleza para Deus!

As cicatrizes mais dolorosas talvez sejam aquelas que ninguém vê.

Todos temos cicatrizes. Elas são marcas de algo que aconteceu, que passou; causadas por outras pessoas ou em decorrência de nossos próprios erros e fracassos. Algumas nos lembram de acontecimentos engraçados, como tombo de bicicleta ao apostar corrida com os amigos da nossa infância; outras nos trazem lembranças dolorosas, como as marcas deixadas em nossos corações e mentes – em nossas almas.

Cicatrizes contam uma história, a nossa história, por isso são parte importante da vida e, acima de tudo, trazem grandes oportunidades de aprendizado.

Talvez você nunca tenha pensado nas feridas de sua vida como possíveis tesouros. Da mesma forma que diamantes cintilantes, rubis resplandecentes e esmeraldas reluzentes, nossas cicatrizes são bonitas para Deus.

O EFEITO BORBOLETA

"As imensas dunas se compõem de minúsculos grãos de areia...

O mais belo livro do mundo foi escrito letra por letra...

As mais belas canções são compostas por pequenas notas..."

Pra se viver de verdade, não é necessário fazer ou passar por grandes feitos, espetáculos ou grandes demonstrações. A vida é feita dos pequenos gestos, das pequenas atitudes. Um olhar, um sorriso, um abraço ou uma palavra, podem fazer toda a diferença."

– *Autor não identificado.*

Edward Norton Lorenz foi um meteorologista, matemático e filósofo americano. Em 1963, ele foi o primeiro cientista a analisar a teoria chamada "efeito borboleta", segundo a qual o bater de asas de uma borboleta no Pacífico pode ser responsável pelo aparecimento de um tufão do outro lado do planeta.

Essa teoria, também conhecida como a teoria do caos, afirma que um pequeno evento pode ter consequências imprevisíveis, pois o resultado final é determinado por ações interligadas de forma quase aleatória.

Se até o movimento de uma asa de inseto pode, teoricamente, causar tamanhas consequências, será que podemos saber e medir o que é capaz de causar uma simples ação por nossa parte? Uma oração, um telefonema, uma palavra que falamos. Um sorriso, um apertar de mãos, uma lágrima nos olhos.

Sempre devemos acreditar que pequenas atitudes podem gerar grandes transformações. Edwin Hubbell Chapin, pastor e poeta americano, disse: "Toda ação de nossa vida toca alguma corda que vibrará na eternidade".

Uma pequena mudança gerará outras, maiores, porque ao fazer isso você estará liberando todo potencial oculto no seu interior. Cada uma delas influenciará todo seu sistema de vida e de crenças, ativando as outras mudanças que precisará desenvolver para crescer e progredir em todas as áreas da vida.

Lorenz afirmou: "Tudo é imprevisível, um grande efeito pode vir de um ato pequeno". Mas o que nos ensina, afinal? Que um sorriso, um abraço, uma ligação, uma palavra de carinho podem ser o começo de um bater de asas que trará uma enxurrada de sucesso e de mudanças que o aproximarão de sua meta e da realização de seu sonho.

Quando nada mais o surpreende, quando tudo dá na mesma, quando você já não sorri como antes, quando deixa de se admirar, de amar, de sonhar, a sua vida está precisando de uma mudança. Não se conforme ou se console em saber que outros estão piores do que você, procure uma solução para os seus problemas, crises, sua falta de sonhos. Chega de explicações e justificativas, é tempo de mudança!

O que você está esperando que aconteça?

O que você quer da vida?

Como será o seu futuro?

Aproveite tudo que estiver ao alcance das suas mãos: força, coragem, domínio de si mesmo, potencial e, sobretudo, vida! Chega de desculpas!

É muito comum ficarmos adiando algum dever. É errado agir assim. Devemos aproveitar cada segundo fazendo de cada dia um dia de ações importantes que possa ser lembrado por muitos e muitos anos.

Simplesmente comece!

VOCÊ NÃO PODE FRACASSAR SEM SEU CONSENTIMENTO

"O fracasso deve ser nosso professor, não nosso coveiro. Fracasso é adiamento, não derrota."

— **Denis E. Waitley (1933 –)**,
escritor e empresário americano.

Robert Collier, escritor americano, certa vez disse:

"Plante a semente do desejo em sua mente, e ela formará um núcleo com o poder de atrair para si tudo que for necessário para seu cumprimento".

Como isso é verdade! Cheguei a uma encruzilhada em minha vida quando comecei a compreender que não posso fracassar sem o meu consentimento, do mesmo jeito que não posso obter sucesso sem a minha participação.

Se você deseja um nível de sucesso mais alto, assuma a responsabilidade pelas ações do passado. Não acredite na mentira de que você é uma vítima e que todo mundo está agindo para que você fracasse.

Se você falhar, é por seu próprio consentimento. E em contrapartida, se for bem-sucedido, é, em parte, porque você estava disposto a participar do seu sucesso.

CONHEÇA OUTROS TÍTULOS DO AUTOR:

INSIGHT vol 1

INSIGHT vol 2

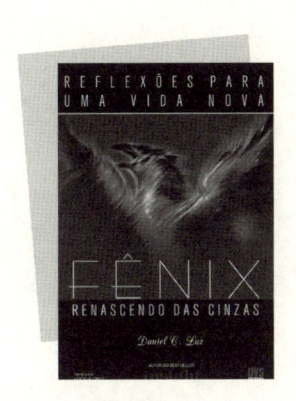

FÊNIX
RENASCENDO DAS CINZAS

DVS
EDITORA

www.dvseditora.com.br

GRÁFICA PAYM
Tel. [11] 4392-3344
paym@graficapaym.com.br